Johannes Twardella
Der Koran in der Schule

Forschungsbeiträge aus der Objektiven Hermeneutik, Band 11.

Herausgegeben von *Ulrich Oevermann, Roland Burkholz, Christel Gärtner und Oliver Schmidtke*

Johannes Twardella

Der Koran in der Schule

Studien zum islamischen Religionsunterricht

Humanities Online

Bibliografische Information der Deutschen Nationalbibliothek
Die Deutsche Nationalbibliothek verzeichnet diese Publikation in der Deutschen Nationalbibliografie; detaillierte bibliografische Daten sind im Internet über http://dnb.ddb.de abrufbar.

Frankfurt am Main
info@humanities-online.de
www.humanities-online.de

Erste Auflage 2012
ISBN 978-3-941743-25-0

Gesetzt aus der Linotype Centennial
Umschlaggestaltung: Uwe Adam
Printed in Germany

Dieses Buch ist auch als E-Book (PDF) erhältlich:
www.humanities-online.de

Inhalt

Vorwort

Schon seit längerem ist es mein Anliegen, das Thema »Islamischer Religionsunterricht« aufzugreifen. Der Grund dafür ist einfach: In den 90er Jahren des letzten Jahrhunderts habe ich als Soziologe damit begonnen, mich intensiv mit dem Islam zu befassen. Seit etlichen Jahren hat sich jedoch der Schwerpunkt meiner Forschungen verlagert: Im Mittelpunkt steht nun der Unterricht an den allgemeinbildenden Schulen, den ich als Pädagoge untersuche. Das Thema »Islamischer Religionsunterricht« ermöglicht es mir nun, beides miteinander zu verbinden, also an die religionssoziologische Untersuchung des Islam – vor allem des Koran –anzuknüpfen und sie – behutsam – in die pädagogische Unterrichtsforschung einfließen zu lassen.

Die Untersuchung des islamischen Religionsunterrichts verlangt – davon bin ich überzeugt – eine interdisziplinäre Herangehensweise. In dem vorliegenden Band sollen jedoch primär pädagogische Fragen verfolgt werden, vor allem diejenige nach den spezifisch pädagogischen Problemen, die im islamischen Religionsunterricht auftreten können. Darüber hinaus soll aber auch mit einem soziologischen Blick auf diesen Unterricht geschaut werden, soll der Frage nachgegangen werden, welche Folgen er haben könnte – nicht nur für die an ihm Beteiligten, sondern auch für die Gesellschaft im Allgemeinen. Letztlich müsste die Untersuchung des islamischen Religionsunterrichts jedoch über den Unterricht hinausgehen, müssten auch die pädagogischen Orientierungen und der professionelle Habitus derer, die das Fach unterrichten, zum Gegenstand gemacht werden.

Bedanken möchte ich mich an dieser Stelle bei einer Reihe von Kolleginnen und Kollegen, mit denen ich Teile des Bandes oder auch das Ganze habe diskutieren können. Genannt seien zum einen die Teilnehmer der Jahrestagung der »Arbeitsgemeinschaft der Objektiven Hermeneutik« (AGOH) im Jahre 2010 in Basel, insbesondere Prof. Dr. Ulrich Oevermann, die Teilnehmer des Kolloquiums von Prof. Dr. Andreas Gruschka an der Johann Wolfgang Goethe-Universität in Frankfurt am Main und nicht zuletzt auch Prof. Dr. Tilman Allert sowie mein Freund Alexander Rupprecht.

Einleitung

I

Seit mehr als 30 Jahren wird inzwischen in Deutschland über das Thema »islamischer Religionsunterricht« diskutiert. Nach wie vor ist umstritten, ob es einen solchen überhaupt geben soll: Die Befürworter berufen sich auf das Grundgesetz (Artikel 7, Absatz 3[1]), sie behaupten, dass es einen Rechtsanspruch auf islamischen Religionsunterricht gebe[2] und vertreten die Ansicht, dass alle Religionen gleich behandelt werden müssen – angesichts der Tatsache, dass ein christlicher (und an einigen Orten auch ein jüdischer) Religionsunterricht angeboten wird, müsse es auch einen islamischen geben. Zudem meinen sie, dass sich dieser nicht nur positiv auf die an ihm teilnehmenden Schülerinnen und Schüler[3] auswirken, sondern auch wünschenswerte Konsequenzen für die Gesellschaft und deren Zusammenhalt haben werde. Dieser Unterricht werde, so heißt es, nicht nur zur Herausbildung einer stabilen Identität bei Schülern beitragen, die einen islamischen Hintergrund haben, sondern auch der Integration dieser Schüler in die Gesellschaft förderlich sein – und darüber hinaus den Einfluss eines politischen Islam, des islamischen Fundamentalismus, auf das Denken und Handeln der nachwachsenden Generation verhindern oder zumindest verringern. Die Kritiker des islamischen Religionsunterrichts hingegen wenden sich entweder grundsätzlich gegen jeden Religionsunterricht an deutschen

1 Dort heißt es: »Der Religionsunterricht ist in den öffentlichen Schulen mit Ausnahme der bekenntnisfreien Schulen ordentliches Lehrfach. Unbeschadet des staatlichen Aufsichtsrechtes wird der Religionsunterricht in Übereinstimmung mit den Grundsätzen der Religionsgemeinschaften erteilt.« (Grundgesetz, München 2011, S. 3 f.)

2 Dass dies keineswegs eindeutig ist, hat Klaus Gebauer jüngst dargelegt. Siehe: Gebauer, Klaus, Auf die Inhalte kommt es an! »Erlaubtes« und »Nichterlaubtes« im staatlichen Religionsunterricht nach Artikel 7 GG, in: Mohr, Irka-Christin und Michale Kiefer (Hg.), Islamunterricht – Islamischer Religionsunterricht – Islamkunde. Viele Titel – ein Fach? Bielefeld 2009, S. 161-189.

3 Der Einfachheit halber werde ich im Folgenden nur noch von Schülern sprechen.

Schulen. Ihr Argument lautet, dass Religion Privatsache und sie zu vermitteln Aufgabe der Religionsgemeinschaften und nicht des säkularen Staates sei. Oder sie sind der Meinung, dass der Islam nicht gleich behandelt werden müsse, da er nicht auf einer Stufe mit dem Christentum stehe, welches einen ganz anderen Stellenwert für die Kultur Deutschlands bzw. Europas habe, ja, auf dem die abendländische Kultur beruhe. Für den Islam gelte dies keineswegs. Und auch wenn davon ausgegangen werde, dass er zu Deutschland gehöre, sei doch fraglich, ob es sinnvoll sei, ihn in der Schule zu vermitteln: Wer weiß, was in diesem Unterricht geschieht – womöglich Dinge, die keineswegs der Integration förderlich sind, die vielmehr trennend wirken, ja, womöglich eine Tendenz zur Herausbildung von Parallelgesellschaften schaffen bzw. diese, wenn sie schon vorhanden sein sollten, stärken?

Obwohl die Frage, ob es einen islamischen Religionsunterricht geben soll oder nicht, längst noch nicht ausdiskutiert ist, finden schon seit längerer Zeit etliche Versuche statt, ein Angebot für die steigende Zahl von Schülern zu schaffen, die entweder selbst es wünschen, sich in der Schule mit der Religion des Islam auseinandersetzen zu können, oder deren Eltern dies wollen. An verschiedenen Orten in Deutschland lassen sich solche Entwicklungen beobachten, die letztlich alle mehr oder weniger auf die dauerhafte Einrichtung eines islamischen Religionsunterrichts zielen. Sie folgen keineswegs einem großen Masterplan (auch wenn die verschiedenen Initiativen inzwischen auf einer übergeordneten Ebene, derjenigen der Deutschen Islamkonferenz diskutiert werden[4]), so dass aus der Distanz der Eindruck entsteht, ein großes Experimentierfeld mit zahlreichen Projekten vor sich zu haben, die relativ unabhängig voneinander durchgeführt werden. Der Grund für diese recht unübersichtliche Lage besteht zum einen im Föderalismus und dem Prinzip, dass Bildung Ländersache ist: Jedes Bundesland scheint jeweils anders auf die Erwartung, dass ein islamischer Religionsunterricht angeboten werden möge, zu reagieren. Zum anderen ist die Einführung eines solchen Unterrichts ein äußerst komplexes und vielschichtiges Unternehmen, das eine Reihe von Neuerungen auf verschiedenen Ebenen erfordert – und mit jeder dieser Neuerungen wird Neuland

4 Siehe: http://www.deutsche-islam-konferenz.de/cln_236/nn_1319566/SubSites/DIK/DE/ReligionsunterrichtImame/religionsunterrichtimame-node.html?__nnn=true. (10.1.2012)

betreten, ohne dass absehbar wäre, welche Konsequenzen sich jeweils ergeben. Um es salopp zu sagen: Zwar kann durchaus davon gesprochen werden, dass die Einführung des islamischen Religionsunterrichts eine der größten Veränderungen ist, die im deutschen Bildungssystem momentan stattfinden. Doch hat es den Anschein, als wisse keiner so recht, wohin die Sache letztlich führen wird.

Die wichtigsten Fragen, die sich mit dem Versuch stellen, einen islamischen Religionsunterricht einzuführen, seien kurz erwähnt:

– Zunächst stellt sich die Frage, *wer* überhaupt im Hinblick auf all die Fragen, welche mit der Einführung dieses neuen Faches zusammenhängen, entscheidet. Da der islamische Religionsunterricht, wie es das Grundgesetz vorsieht, »in Übereinstimmung mit den Grundsätzen der Religionsgemeinschaften« stattfinden soll, stellt sich das Problem, wer an den Entscheidungsprozessen beteiligt wird angesichts dessen, dass die islamische Religionsgemeinschaft nicht zentralistisch organisiert ist bzw. es »die islamische Religionsgemeinschaft« nicht gibt, sondern »nur« eine Vielzahl von Vereinen, Verbänden und Organisationen.[5]

– Sodann stellen sich auf einer anderen Ebene, einer inhaltlichen, zahlreiche Fragen. Zum Beispiel muss geklärt werden, *was* überhaupt im Rahmen eines islamischen Religionsunterrichts behandelt werden soll. Der »Stoff« für diesen Unterricht ist nicht einfach gegeben, vielmehr muss entschieden werden, was wann und wie zum Gegenstand des Unterrichts gemacht werden soll. Und um dies entscheiden zu können, müssen bestimmte Kriterien entwickelt werden. Kurz, es müssen Lehrpläne erstellt werden, die einen bestimmten »Stoff« in eine sinnvoll geordnete Reihenfolge bringen. Dieses Erfordernis ist auf der einen Seite eine Selbstverständlichkeit: Die Frage nach dem »Stoff« wird bei allen Unterrichtsfächern über die Erstellung von Lehrplänen (bzw. momentan über die Formulierung von Kerncurricula) beantwortet. Auf der anderen Seite taucht hier aber das spezielle Problem auf, dass es »den Islam« bekanntlich nicht gibt, sondern nur verschiedene Varianten des Islam, z. B. eine sunnitische und eine schiitische. Welche von ihnen soll nun Eingang in den islamischen Religionsunterricht bzw. in die für diesen gedachten

5 Siehe z. B. zu den türkisch-islamischen Vereinen und Verbänden: Gür, Metin, Türkisch-islamische Vereinigungen in der Bundesrepublik Deutschland, Frankfurt am Main 1993.

Lehrpläne finden? Oder gibt es so etwas wie einen Konsens, auf den sich alle Muslime einigen können?

– Des Weiteren stellt sich die Frage, *wer* überhaupt den islamischen Religionsunterricht durchführen soll. Die Lehrerinnen und Lehrer[6] für diesen Unterricht sind ebenfalls nicht wie selbstverständlich vorhanden. Entscheidend ist hier die Frage, wie diese Lehrer qualifiziert sein sollen. Reicht es, wenn sie fachlich qualifiziert sind? Oder sollten sie primär pädagogisch qualifiziert sein? Oder wäre nicht vielmehr eine Kombination von fachlicher und pädagogischer Qualifikation wünschenswert? Und im Hinblick auf die fachliche Qualifikation stellt sich sofort die Folgefrage, was denn »fachlich« heißen soll: Geht es um eine islamwissenschaftliche oder eine theologische Qualifikation? In puncto Qualifikation ist zudem zu klären, ob diese nur von der Ausbildung, also von einem akademischen Studium und dessen Abschluss, abhängig sein soll oder auch von dem Bekenntnis der betreffenden Personen. Soll es dann eine der *vocatio* bzw. *missio* entsprechende *igaza* geben? Und wer entscheidet nach welchen Kriterien über diese? Dies müssten wohl islamische Verbände übernehmen. Doch dann stellt sich erneut die Frage: welche?

– Von der Antwort, die auf die zuvor gestellte Frage gegeben wurde, hängt wiederum ab, wie die Lehrer für den islamischen Religionsunterricht ausgebildet werden sollen. Wenn sie nicht nur fachlich, genauer gesagt, islamwissenschaftlich, sondern auch theologisch sowie pädagogisch qualifiziert sein sollen, dann müssen dafür die notwendigen Voraussetzungen an den Universitäten geschaffen werden. Sprich, es müssen dort Lehrstühle für islamische Theologie und islamische Religionspädagogik eingerichtet werden. Und dann stellen sich erneut jene Fragen, die oben bereits formuliert wurden, nämlich nach den Lehrplänen und nach der Qualifikation des Personals.

– Nicht zuletzt stellen sich zahlreiche Fragen mit Bezug auf die Unterrichtspraxis selbst: Welchen Charakter soll der islamische Religionsunterricht überhaupt haben? Soll es sich um eine islamische Religionskunde handeln? Geht es also in erster Linie darum, dass die Schüler über den Islam informiert werden? Oder soll der Unterricht »bekenntnisorientiert« sein, also darauf zielen, dass die an ihm teilnehmenden Schüler zu Muslimen erzogen werden, indem ihnen nicht

6 Der Einfachheit halber werde ich im Folgenden nur noch von Lehrern sprechen.

nur Wissen über die Religion des Islam und seine religiöse Praxis, sondern auch die Inhalte als zu glaubende und die Regeln der Praxis als zu befolgende vermittelt werden? Letztlich ist also die Frage zu klären, welches Ziel eigentlich mit dem islamischen Religionsunterricht verfolgt werden soll: ein über den Islam informierter Schüler, ein frommer Schüler oder ein Schüler, der auf der Basis einer kundigen Auseinandersetzung mit dem Islam eigenständige Entscheidungen zu treffen vermag?

– Hinzu kommen schließlich zahlreiche praktische bzw. organisatorische Fragen: Soll der islamische Religionsunterricht ein zusätzliches Angebot sein, das etwa nachmittags wie eine AG stattfindet? Oder soll er parallel zu dem christlichen Religionsunterricht, womöglich anstelle von Ethikunterricht angeboten werden? Wie wird darüber entschieden, ob ein Schüler an ihm teilnimmt? Kann ein jeder Schüler mitmachen oder muss, wer an ihm teilnehmen möchte, Muslim sein? Oder soll der Unterricht einfach für alle muslimischen Kinder verpflichtend sein? Oder nur für diejenigen, die sich offiziell zu ihm angemeldet haben? Wie ist es mit Noten in diesem Unterricht? Und wenn, wie in anderen Fächern auch, Noten vergeben werden, sollen diese dann versetzungsrelevant sein? Zu klären ist auch die Frage, mit welchem Material in diesem Unterricht gearbeitet werden soll. Stehen bestimmte Materialien für diesen Unterricht schon zur Verfügung?

Viele dieser Fragen sind bereits im Rahmen der verschiedenen Versuche mit islamischem Religionsunterricht beantwortet worden: Die Frage, wie die islamische(n) Religionsgemeinschaft(en) an den Entscheidungsprozessen beteiligt werden, ist z.B. in Niedersachsen durch einen runden Tisch, in Bayern durch die Kooperation mit Vereinen vor Ort, in Nordrhein-Westfalen (NRW) und in Baden-Württemberg (BW) durch die Beteiligung von Experten oder Vertretern von Verbänden gelöst worden. Es ist darüber entschieden worden, welchen Charakter der islamische Religionsunterricht haben soll – z.B. in NRW und Schleswig-Holstein hat er den Charakter einer »Kunde«, während er z.B. in BW, in Bayern, Niedersachsen und Rheinland-Pfalz »bekenntnisorientiert« ausgerichtet ist[7] – und auf der Basis

7 Zum Vergleich der Modelle in NRW und BW siehe: Mohr, Irka-Christin und Michale Kiefer (Hg.), Islamunterricht – Islamischer Religionsunterricht – Islamkunde. Viele Titel – ein Fach? Bielefeld 2009. Laut Kiefer lässt

dieser Entscheidung sind eine Reihe von Lehrplänen entwickelt worden.[8] Diese sind weitgehend sunnitisch geprägt, z. T. durch alevitische Elemente ergänzt.[9] Die Frage nach der Qualifikation der Lehrkräfte ist ebenfalls – zumindest vorläufig – sehr unterschiedlich beantwortet worden: In NRW sind es z. B. Islamwissenschaftler und Lehrer des sogenannten »muttersprachlichen Unterrichts«, die den islamischen Religionsunterricht, genauer gesagt, den Unterricht im Fach »Islamkunde« erteilen.[10] In BW sind es hingegen ausgebildete Lehrer, die neben dem Unterricht in ihren Fächern nun auch islamischen Religionsunterricht durchführen.[11] An verschiedenen Universitäten – in Münster, in Osnabrück und in Erlangen – sind bereits Studiengänge eingerichtet und Lehrstühle besetzt worden, werden also Studentinnen und Studenten[12] schon auf die Erteilung des isla-

sich die Unterscheidung von »Kunde« und »bekenntnisorientiertem« Unterricht letztlich nicht aufrechterhalten, sind alle Versuche »hybrid« (schon aus dem Grund, dass sie alle von Muslimen bzw. Lehrer mit einem islamischen Hintergrund durchgeführt werden). Siehe: Kiefer, Michael, Aktuelle Entwicklungen in den Ländern: Art und Umfang der bestehenden Angebote, Unterschiede, Perspektiven, in: Islamischer Religionsunterricht in Deutschland Perspektiven und Herausforderungen Dokumentation zur Tagung der Deutschen Islam Konferenz 13. bis 14. Februar 2011, Nürnberg http://www.deutsche-islam-konferenz.de/SharedDocs/Anlagen/DE/DIK/Downloads/Sonstiges/Dokumentation_20IRU-Tagung_202011,templateId=raw,property=publicationFile.pdf/Dokumentation%20IRU-Tagung%202011.pdf. (10.01.2011), S. 64.

8 Zum beispiel in NRW der Lehrplan »Islamkunde in deutscher Sprache«. (http://www.standardsicherung.schulministerium.nrw.de/cms/upload/svislam/download/lehrplan.islamkunde.pdf) oder in BW die »Bildungsstandards für islamische Religionslehre« (http://www.bildung-staerkt-menschen.de/service/downloads/Bildungsstandards/GS/GS_IslamR_bs.pdf (10. 1. 2011)).

9 Siehe hierzu wieder: Mohr, Irka-Christin und Michale Kiefer (Hg.), Islamunterricht – Islamischer Religionsunterricht – Islamkunde. Viele Titel – ein Fach? Bielefeld 2009.

10 Zu der Entwicklung in NRW siehe: Kiefer, Michael, Eckart Gottwald und Bülent Ucar (Hg.), Auf dem Weg zum Islamischen Religionsunterricht. Sachstand und Prespektiven in Nordrhein-Westfalen, Münster 2008.

11 Zu der Entwicklung in BW siehe: Kuld, Lothar und Bruno Schmid, Islamischer Religionsunterricht in Baden-Württemberg. Zur Differenzierung des Lernfelds Religion, Münster 2009.

12 Der Einfachheit halber werde ich im Folgenden nur noch von Studenten sprechen.

mischen Religionsunterrichts vorbereitet. Auch sind in vielen Fällen die oben genannten praktischen Fragen bereits weitgehend geklärt. (Zum Beispiel ist in allen Fällen – mit Ausnahme von Berlin – der islamische Religionsunterricht ein ordentliches Lehrfach.) Und es liegen auch schon erste Schulbücher für den islamischen Religionsunterricht vor.[13] Angesichts dieser Entwicklungen ist die Wahrscheinlichkeit recht hoch, dass die verschiedenen Schulversuche letztlich dazu führen, dass sich der islamische Religionsunterricht als reguläres Fach an deutschen Schulen etablieren wird. *Wie* dies geschieht, ist im Detail allerdings noch ziemlich offen.

Mit dem vorliegenden Band soll ein Beitrag zur Diskussion über die Modalitäten, unter denen der islamische Religionsunterricht gegenwärtig stattfindet, geleistet werden.

II

In welcher Weise sind die verschiedenen Versuche, einen islamischen Religionsunterricht einzuführen, bisher wissenschaftlich reflektiert worden? Ebenso unübersichtlich wie das Feld der Schul- bzw. Unterrichtsversuche scheint auch das Feld der Reflexion über diese zu sein. Für eine erste Strukturierung seien folgende Unterscheidungen getroffen:

– Auf einer vorwissenschaftlichen Ebene ist über den islamischen Religionsunterricht von einigen seiner Protagonisten reflektiert worden, genauer gesagt, von Lehrern, die entweder von ihrer Praxis berichtet[14] oder die versucht haben, ihre Praxis reflexiv zu durchdringen, und zwar mit dem Ziel, sie systematisch zu begründen. Diese Versuche sind z. T. so weit getrieben worden, dass ein systematisches Konzept für die Didaktik des islamischen Religionsunterrichts entworfen wurde.[15]

13 Siehe vor allem: Kaddor, Lamya, Rabeya Müller und Harry Harun Behr, Saphir. Religionsbuch für junge Musliminnen und Muslime, München. Die Bände für die Jahrgangsstufen 5 und 6 (2008) sowie 7 und 8 (2011) sind bereits erschienen. Der Band für die Jahrgangsstufe 9 und 10 ist für 2012 angekündigt.

14 Siehe z. B. den äußerst interessanten Bericht von Lamya Kaddor, in: Kaddor, Lamya (Hg.), Islamische Erziehungs- und Bildungslehre, Berlin 2008, S. 95-110.

15 Siehe z. B. Barjtsch, Darjusch, Konzepte und Modell zur Vermittlung der

– Davon zu unterscheiden sind Arbeiten von Wissenschaftlern, die nicht wie die reflektierten Praktiker auf eigene Erfahrungen zurückgreifen konnten, sondern mit den Mitteln der Wissenschaft einzelne Aspekte des Themas zu bearbeiten versucht haben. Hier kann wiederum unterschieden werden zwischen jenen Versuchen auf der einen Seite, die primär theoretisch ausgerichtet sind.[16] Auf der anderen Seite stehen Arbeiten, die nicht primär das Interesse verfolgen, den islamischen Religionsunterricht konzeptionell weiter zu entwickeln, sondern die von dem bereits Gegebenen ausgehen und dieses empirisch zu erforschen suchen. Da die folgende Studie in dieser Weise verfahren wird, also ebenfalls von empirisch Gegebenem ausgegangen und dieses analytisch durchdrungen werden soll, sei kurz erwähnt, welche empirischen Forschungen zum Thema »islamischer Religionsunterricht« bereits vorliegen:

– Die vorliegenden Lehrpläne sind bereits mehrfach zum Gegenstand der Forschung gemacht worden: In seiner Dissertation hat Harry Harun Behr – auf den im Folgenden noch genauer eingegangen werden soll – mehrere Lehrpläne, die von islamischen Verbänden entworfen wurden, untersucht und miteinander verglichen.[17] Irka-Christin Mohr hat aus einer islamwissenschaftlichen Perspektive diese Lehrpläne in einer komparatistisch angelegten Studie mit Lehrplänen einiger anderer europäischer Staaten verglichen.[18]

– Mouhanad Khorchide hat als Soziologe in einer quantitativen Studie Einstellungen von österreichischen Lehrern des islamischen Religionsunterrichts zu ihrer Tätigkeit, zu Sinn und Funktion des Faches, zu Fanatismus, Rechtsstaatlichkeit etc. untersucht.[19]

Lehrinhalte im deutschsprachigen Islamkunde Unterricht, Hamburg 2009.

16 Siehe z.B. Hanifzadeh, Massoud, Islamischer Religionsunterricht in Deutschland. Möglichkeiten und Grenzen, Marburg 2010.

17 Behr, Harry Harun, Curriculum Islamunterricht. Analyse von Lehrplanentwürfen für islamischen Religionsunterricht in der Grundschule. Ein Beitrag zur Lehrplantheorie des Islamunterrichts im Kontext der praxeologischen Dimension islamisch-theologischen Denkens, Bayreuth 2005. (http://www.izir.uni-erlangen.de/docs/IZIR_H.Behr_Dissertation_Curriculum_Islam.pdf. (10.1.2012))

18 Mohr, Irka-Christin, Islamischer Religionsunterricht in Europa. Lehrtexte als Instrumente muslimischer Selbstverortung im Vergleich, Bielefeld 2006.

19 Khorchide, Mouhanad, Der islamische Religionsunterricht zwischen Inte-

– Aus einer islamwissenschaftlichen Perspektive haben Michael Kiefer und Irka-Christin Mohr den islamischen Religionsunterricht im Hinblick auf seine Didaktik sowie auf die Unterrichtspraxis zum Gegenstand gemacht.[20]

Die zuletzt erwähnte Studie von Mohr und Kiefer endet mit folgendem Zitat:

> »Islamische Religionspädagogik und Fachdidaktik in Deutschland befindet sich in den Anfängen. Ihre Gegenstände und Prinzipien sind bislang nur in Einzelaspekten überhaupt diskutiert. Die Ausarbeitung und Konturierung der neuen Fachwissenschaft liegt, wie auch die Erteilung des islamischen Religionsunterrichts selbst, ausnahmslos in den Händen von Autodidakten, die aus angrenzenden Wissenschaftsbereichen stammen. Für die Theorie wie für die Praxis besteht ein hoher Bedarf an Expertise.«[21]

III

Mit dem vorliegenden Buch möchte ich auf zwei Ebenen einen Beitrag zur Reflexion des islamischen Religionsunterrichts in Deutschland leisten: zum einen auf der Ebene der Praxis, zum anderen auf der Ebene der Theorie.[22] Zunächst soll der islamische Religionsunterricht auf der empirischen Ebene reflektiert werden. Dies müsste eigentlich in wesentlich umfangreicherem Maße geschehen. Wenn in der vorliegenden Studie nur *eine* Stunde im Fach »Islamische Religionslehre« eingehend analysiert wird, dann kann es erst einmal nur darum gehen, exemplarisch zu zeigen, wie m. E. eine wissenschaftliche Auseinandersetzung mit dem islamischen Religionsunterricht aussehen könnte bzw. sollte.

gration und Parallelgesellschaft. Einstellungen der islamischen ReligionslehrerInnen an öffentlichen Schulen, Wiesbaden 2009.

20 Mohr, Irka-Christin und Michale Kiefer (Hg.), Islamunterricht – Islamischer Religionsunterricht – Islamkunde. Viele Titel – ein Fach? Bielefeld 2009.

21 Ebd., S. 223.

22 Siehe auch: der Verf., Islamischer Religionsunterricht. Zur Theorie und Praxis eines neuen Faches, in: Vierteljahrsschrift für wissenschaftliche Pädagogik, Heft 2, 2012 (im Druck)

In einem zweiten Schritt soll sodann der islamische Religionsunterricht auf der Ebene der Theorie reflektiert werden, und zwar dergestalt, dass eine Auseinandersetzung mit dem einzigen religionspädagogischen Entwurf, der einzigen theoretischen Grundlegung des Faches »Islamischer Religionsunterricht«, die es gegenwärtig in Deutschland gibt, stattfindet, der »Islamischen Bildungslehre« von Harry Harun Behr.

Das empirische Beispiel, die Stunde im Fach »Islamische Religionslehre« soll primär daraufhin untersucht werden, welche Pädagogik in dieser praktisch realisiert wird und welche Probleme mit dieser verbunden sind. Dabei sollen einige Grundbegriffe der Pädagogik – Erziehung, Didaktik und Bildung – eine »erkenntnisleitende Funktion«[23] übernehmen. Darüber hinaus soll mit Bezug auf die Empirie auch die Frage aufgeworfen werden, welche Konsequenzen dieser Unterricht für das Handeln der Schüler, die an ihm teilnehmen, haben könnte: Welche Vorstellungen von »Bewährung« werden in dem Unterricht vermittelt?

Im Hinblick auf die »Islamische Bildungslehre« von Behr soll sodann versucht werden zu klären, welches Verständnis von Pädagogik ihr zugrunde liegt bzw. in ihr zum Ausdruck kommt. Auch dabei werden die Grundbegriffe der Pädagogik eine Rolle spielen: Es wird danach gefragt, wie Behr sie verwendet, was er also unter »Bildung«, unter »Erziehung« sowie unter »Sozialisation« und »Didaktik« versteht. Darüber hinaus soll schließlich auch versucht werden zu bestimmen, welchen Typus von Religiosität Behr vertritt.

Auf der Basis dieser »Vorstudien« sollen abschließend einige Thesen zum islamischen Religionsunterricht formuliert werden – nicht zuletzt auch im Hinblick darauf, welche Schlüsse aus den Studien für die Frage nach der Professionalisierung jener Lehrer, die den islamischen Religionsunterricht durchführen sollen, gezogen werden können.

Sämtliche Ausführungen beruhen auf zwei zentralen Prämissen: Die eine betrifft die Religion, also den Islam, und die Frage, wie dieser wissenschaftlich zu behandeln ist. Sie besagt, dass der Islam auf der einen Seite in seiner Dignität anzuerkennen ist – eine sich ihrer Gren-

23 Siehe: Gruschka, Andreas, Auf dem Weg zu einer Theorie des Unterrichtens. Die widersprüchliche Einheit von Erziehung, Didaktik und Bildung in der allgemeinbildenden Schule, Frankfurt am Main 2005.

zen bewusste Wissenschaft hat grundsätzlich davon auszugehen, dass Religionen, genauer gesagt, Glaubenssysteme – erkenntnistheoretisch gesehen – nicht widerlegt werden können. Zudem kann es aus moralischen Gründen der Wissenschaft nicht darum gehen, Glaubensvorstellungen zu kritisieren, vielmehr sind diese als etwas, von dem Menschen überzeugt sind und das einen wesentlichen Bestandteil ihrer Identität ausmacht, anzuerkennen. Daraus muss aber keineswegs geschlussfolgert werden, dass Religionen nicht mit den Mitteln der Wissenschaft reflektiert werden können. Vielmehr kann sich Wissenschaft mit Religionen befassen – eben nicht mit dem Anspruch sie zu kritisieren oder gar sie zu widerlegen (was, wie gesagt, gar nicht möglich ist), sondern in dem Versuch, sie zu verstehen.[24]

Die zweite Prämisse betrifft das Verhältnis der Wissenschaft zur pädagogischen Praxis. Auch die pädagogische Praxis besitzt eine Dignität, die von der Wissenschaft anzuerkennen ist. Und das heißt, dass davon auszugehen ist, dass die pädagogische Praxis eine ihr eigene Vernünftigkeit besitzt – und es unangebracht wäre, sich auf den Standpunkt der Theorie zu stellen und die Praxis von diesem aus abstrakt zu kritisieren.[25] Das aber bedeutet nicht, dass die pädagogische Praxis nicht kritisiert werden darf. Doch hat sich die Wissenschaft erst einmal auf sie einzulassen, sollte sie sich bemühen, ihre immanente Rationalität zu rekonstruieren – hat sie dies aber getan, kann sie durchaus zu einer Kritik an ihr gelangen, einer immanenten, welche die Praxis an ihren eigenen Ansprüchen misst.

Des Weiteren stehen im Hintergrund der folgenden Ausführungen verschiedene theoretische Annahmen: Zum einen stütze ich mich auf die umfangreichen Arbeiten des Erziehungswissenschaftlers Andreas Gruschka. Sie werden vor allem für die Analyse der Stunde im Fach »Islamische Religionslehre« von Bedeutung sein. Gruschka geht in seiner rekonstruktiven Unterrichtsforschung davon aus, dass die pädagogische Praxis des Unterrichts als eine »widersprüchliche Einheit von Erziehung, Didaktik und Bildung« zu interpretieren ist.[26]

24 Anders gesprochen: Das Verhältnis, in dem die Wissenschaft zu den Religionen stehen sollte, ist keines in der Tradition der Aufklärung, sondern in derjenigen der Romantik.

25 Siehe: Krieg, Bernhard, ›Eingehüllte Rationalität‹ und pädagogische Praxis. Eine Studie zu Gegenstand und Methode Erziehungswissenschaftlicher Unterrichtsforschung, Frankfurt am Main 1982.

26 Siehe: Gruschka, Andreas, Auf dem Weg zu einer Theorie des Unterrich-

Nur wenn von dieser theoretischen Prämisse ausgegangen werde, könne Unterricht als pädagogisches Geschehen adäquat erschlossen werden. An zahlreichen Beispielen hat Gruschka inzwischen zu zeigen vermocht, wie produktiv diese These für eine hermeneutische Unterrichtsforschung ist. Seine Fallstudien wurden zunächst für einen vorläufigen Entwurf einer Theorie des Unterrichts genutzt.[27] Mittlerweile hat Gruschka aber so viele Fallanalysen durchgeführt[28] – im Rahmen des von ihm geleiteten Forschungsprojektes »Pädagogische Rekonstruktion des Unterrichtens« (PAERDU) (an dem auch der Verfasser beteiligt war) sind über 150 Unterrichtsstunden detailliert interpretiert worden[29] –, dass an die Stelle des ersten Entwurfs eine elaborierte Theorie des Unterrichts gesetzt werden konnte.[30]

Zum anderen stehen im Hintergrund der folgenden Ausführungen die Arbeiten des Soziologen Ulrich Oevermann. Diese sind nicht nur insofern von Belang, als die Analyse der Stunde im Fach »Islamische Religionslehre« mit Hilfe der Methode der objektiven Hermeneutik durchgeführt werden soll.[31] Diese Methode – dies hat sich schon mehrfach gezeigt[32] – ist grundsätzlich für die Analyse von Kommunikationsprozessen im Unterricht besonders geeignet, da sie es ermöglicht, deren Komplexität in der »Differenz von Potentialität und Aktualität« (Luhmann) zu erschließen. Sie verlangt wie keine andere Methode in den Geisteswissenschaften von dem Interpreten ein Höchstmaß an Kontrolle, das insbesondere bei einem Thema wie

tens. Die widersprüchliche Einheit von Erziehung, Didaktik und Bildung in der allgemeinbildenden Schule, Frankfurt am Main 2005.

27 Ebd., S. 43.

28 Siehe vor allem: Gruschka, Andreas, Erkenntnis in und durch Unterricht. Empirische Studien zur Bedeutung der Erkenntnis- und Wissenschaftstheorie für die Didaktik, Wetzlar 2009, aber auch z. B. ders., An den Grenzen des Unterrichts, Opladen & Farmington Hills, MI 2010.

29 Siehe: http://www.uni-frankfurt.de/fb/fb04/forschung/paerdu.html.

30 Siehe: Gruschka, Andreas, Unterrichten – Eine pädagogische Theorie auf empirischer Basis (noch unveröffentlichtes Manuskript).

31 Siehe z. B.: Oevermann, Ulrich, Die Methode der Fallrekonstruktion in der Grundlagenforschung sowie der klinischen und pädagogischen Praxis. In: Kraimer, Klaus, Die Fallrekonstruktion. Sinnverstehen in der sozialwissenschaftlichen Forschung. Frankfurt am Main 2000, S. 58-156.

32 Siehe z. B. auch: der Verf., Pädagogischer Pessimismus. Eine Fallstudie zu einem Syndrom der Unterrichtskultur an deutschen Schulen, Frankfurt am Main 2008.

dem, das hier behandelt werden soll, einem Thema, bei dem leicht auf unreflektierte Weise Vorurteile (nicht nur im Sinne von Gadamer) in die Analyse mit einfließen können, enorm wichtig ist.

Die Arbeiten von Oevermann sind zudem insofern von Bedeutung für die vorliegenden Studien, als auch nach den Bewährungsmodellen gefragt werden soll, die durch den islamischen Religionsunterricht den an ihm teilnehmenden Schülern nahegelegt werden. Der Begriff des Bewährungsmodells stammt aus der Religionssoziologie von Oevermann, in deren Zentrum er steht.[33] Ausgehend von der Annahme, dass angesichts der Endlichkeit des Lebens sich grundsätzlich für jeden Menschen das Problem stellt, seinem Leben einen Sinn zu geben, behauptet Oevermann, dass traditionell Religionen diese Funktion erfüllten bzw. nach wie vor erfüllen, nämlich indem sie auf drei »mythische« Fragen eine Antwort geben, die Fragen »Woher kommen wir?«, »Wer sind wir?« und »Wohin gehen wir?« Und vor dem Hintergrund der Antworten auf diese Fragen (die sich eben auch demjenigen stellen, den die Antworten der Religionen nicht mehr überzeugen) entsteht ein Bewährungsmodell, welches für das Handeln der Subjekte von Belang ist, ihm eine bestimmte Richtung gibt.

Nicht zuletzt werden die Arbeiten von Oevermann für die vorliegenden Studien von Bedeutung sein, insofern vor deren Hintergrund abschließend versucht werden soll, die Frage zu beantworten, welche Schlüsse aus den Analysen für die Professionalisierung von Lehrern für den islamischen Religionsunterricht gezogen werden können. Dabei werde ich mich auf die Professionalisierungstheorie von Oevermann beziehen.[34]

33 Siehe: Oevermann, Ulrich, Ein Modell der Struktur von Religiosität. Zugleich ein Strukturmodell von Lebenspraxis und von sozialer Zeit, in: M. Wohlrab-Sahr (Hg.), Biographie und Religion. Zwischen Ritual und Selbstsuche, Frankfurt am Main/New York 1995, S. 27-102.

34 Siehe: Oevermann, Ulrich, Theoretische Skizze einer revidierten Theorie professionalisierten Handelns, in: Combe, Arno und Werner Helsper (Hg.), Pädagogische Professionalität. Untersuchungen zum Typus pädagogischen Handelns, Frankfurt am Main 1996, S. 70-182 und: ders., Professionalisierungsbedürftigkeit und Professionalisiertheit pädagogischen Handelns, in: Kraul, Margret, Winfried Marotzki und Cornelia Schweppe (Hg.): Biographie und Profession, Bad Heilbrunn/Obb. 2002, S. 19-63.

Zur Empirie des islamischen Religionsunterrichts: ein Fallbeispiel

Im Folgenden soll *ein* empirisches Bespiel, eine Stunde im Fach »Islamischer Religionsunterricht«, interpretiert werden. Auf der einen Seite liegt auf der Hand, dass die Analyse dieser einen Stunde durch zahlreiche weitere Analysen ergänzt werden muss. Auf der anderen Seite kann aber durchaus davon ausgegangen werden, dass diese eine Stunde keine außergewöhnliche ist, vielmehr – zumindest in bestimmten Punkten – als durchaus typisch angesehen werden kann. Dafür spricht, dass ihr Verlauf mit jenem weitgehend übereinstimmt, den Mohr und Kiefer bei ihren Hospitationen an drei Grundschulen in Baden-Württemberg haben beobachten können:

> »Die Lehrkräfte in Baden-Württemberg präsentierten durchweg einen gut vorbereiteten und methodenreichen Unterricht, der in einem hohen Maße die emotionalen und körperlichen Bedürfnisse der Kinder berücksichtigte. Der hoch rhythmisierte Unterricht umfasste fünf bis acht verschiedene Unterrichtsphasen. Begonnen wurde mit einem Begrüßungsritual (Lied oder Begrüßungsformel). Hiernach gab es eine kurze Erinnerungsphase, in der die Kinder den Stoff der vorangegangenen Unterrichtsstunde wiederholten. Anschließend folgten zwei bis drei Arbeitsphasen (Sitzkreis, Einzel- oder Gruppenarbeit), die jeweils durch kurze Bewegungsspiele oder Lieder mit Bewegungselementen beendet wurden. Abgeschlossen wurde das Unterrichtsthema mit einer Reflektions- oder Festigungsphase, in der die Schülerinnen und Schüler ihre Arbeitsergebnisse zusammenfassten und vor der ganzen Klasse präsentierten. Überdies wurden offene Fragen für die nächste Unterrichtsstunde formuliert. Alle Unterrichtsstunden endeten mit einem Abschluss- oder Verabschiedungsritual.«[1]

Bei dem Fall, der im Folgenden analysiert werden soll, handelt es sich um eine Stunde im islamischen Religionsunterricht, die ebenfalls an einer Grundschule in Baden-Württemberg, und zwar in der Jahrgangsstufe 3 stattgefunden hat. Ihr Verlauf entspricht insofern

1 Mohr, Irka-Christin und Michael Kiefer (Hg.), Islamunterricht – Islamischer Religionsunterricht – Islamkunde. Viele Titel – ein Fach?, Bielefeld 2009, S. 106 f.

dem von Mohr und Kiefer geschilderten, als auch diese Stunde mit einem Begrüßungsritual beginnt. Dann wird ein Sitzkreis gebildet, in dem zunächst an dasjenige angeknüpft wird, was in vorangegangenen Stunden behandelt wurde. Und das Thema wird genannt: Es soll um »Engel« gehen. Der Lehrer zeigt den Schülern sodann verschiedene Bilder und spricht mit ihnen über Eigenschaften von Engeln.[2] Schließlich wird der Sitzkreis wieder aufgelöst, die Schüler begeben sich zurück auf ihre regulären Plätze und erhalten vom Lehrer ein Arbeitsblatt, mit dessen Hilfe die Ergebnisse der Erarbeitungsphase zusammengefasst und gefestigt werden. Am Ende der Stunde wird gemeinsam darüber gesprochen, was die Schüler in das Arbeitsblatt eingetragen haben. Dann wird die Stunde beendet.

Wie bereits ausgeführt wurde, soll die Stunde nun aus zwei unterschiedlichen theoretischen Perspektiven und mit zwei unterschiedlichen Fragestellungen untersucht werden. In erster Linie soll sie aus einer erziehungswissenschaftlichen Perspektive analysiert werden, und zwar auf der Basis der heuristischen Annahme, dass Unterricht als ein pädagogisches Geschehen nur adäquat verstanden werden kann, wenn er als »widersprüchliche Einheit von Erziehung, Didaktik und Bildung«[3] theoretisch modelliert wird. Das Ziel besteht dann darin, die Struktur des vorliegenden Falles als eine spezifische »Konstellation des Pädagogischen« in dem analysierten Unterricht zu bestimmen.[4] Diese erziehungswissenschaftliche Perspektive wird nicht nur eingenommen, weil es sich bei dem zu analysierenden Fall um ein pädagogisches Geschehen handelt und es vollkommen plausibel ist, davon auszugehen, dass dieses nur adäquat verstanden werden kann, wenn es aus einer pädagogischen Perspektive interpretiert wird. Sondern diese Perspektive wird auch eingenommen, weil nur so die spezifischen pädagogischen Probleme identifiziert werden können, die mit dem islamischen Religionsunterricht verbunden sind.[5]

2 Auch konnte Kiefer bei seinen Beobachtungen Ende 2007, Anfang 2008 feststellen, dass in der Regel mit »selbstgefertigten oder modifizierten Materialien« (107) gearbeitet wurde (weil noch keine zugelassenen Lehrwerke vorlagen). Das trifft auch auf die hier analysierte Stunde zu.

3 Siehe: Gruschka, Andreas, Auf dem Weg zu einer Theorie des Unterrichtens. Die widersprüchliche Einheit von Erziehung, Didaktik und Bildung in der allgemeinbildenden Schule, Frankfurt 2005.

4 Siehe hierzu auch: der Verf., Konstellationen des Pädagogischen im Unterricht an einer Integrierten Gesamtschule, unveröffent. Manuskript 2011.

5 Freilich wird, wenn bestimmte Probleme identifiziert wurden, zu fragen

Abschließend soll der Fall aus einer soziologischen Perspektive interpretiert werden. Dabei wird davon ausgegangen, dass für die Integration der Heranwachsenden in die Gesellschaft nicht allein deren Sprachfähigkeit und auch nicht allein deren politischer Standpunkt (ihr Verhältnis zur FdGO) von Relevanz sind, vielmehr ebenso bedeutsam ist, welche Vorstellungen vom Leben sie haben, welche Ziele sie sich setzen, soziologisch gesprochen: welches »Bewährungsmodell« sie haben. Von diesem wird es in nicht unwesentlichem Maße abhängen, wie sie in Zukunft handeln und sich am Leben der Gesellschaft beteiligen werden. Allen Religionen ist ein Bewährungsmodell bzw. sind bestimmte Bewährungsmodelle immanent. Sie geben an, unter welchen Bedingungen ein Mensch sich bewährt, wie er handeln sollte, wenn er das »Heil«, welches ihm die Religion bzw. die göttliche Instanz zu geben verspricht, erhalten möchte. Aus einer soziologischen Perspektive stellt sich also die Frage, welche Interpretation des Islam in dem islamischen Religionsunterricht vermittelt wird und welches Bewährungsmodell dieser inhärent ist.[6]

Wie in etlichen anderen Fällen soll auch hier mit einem »natürlichen Protokoll« gearbeitet werden, einem Transkript, welches dasjenige möglichst genau festhält, was im Unterricht tatsächlich gesprochen wurde (siehe S. 131). Des Weiteren wird das Arbeitsmaterial hinzu gezogen, das im Unterricht verwendet wurde. Ausgewertet wird das Transkript mit Hilfe der Methode der objektiven Hermeneutik. Einschränkend muss allerdings gesagt werden, dass nicht das komplette Transkript analysiert wird, sondern vor allem der erste Teil, genauer gesagt, die Erarbeitungsphase.[7]

sein, ob sie denn im Rahmen der pädagogischen Praxis auch gelöst werden können oder letztlich auf einer anderen Ebene liegen, also entweder auf der Ebene der religionspädagogischen Reflexion des Faches oder derjenigen der islamischen Theologie.

6 Damit ist noch nicht gesagt, ob die Schüler, die am Unterricht teilnehmen, dieses Modell auch übernehmen und nach ihm handeln.

7 Bei der folgenden Phase, in der das Erarbeitete gefestigt wird, ist ein detailliertes Vorgehen nicht mehr erforderlich.

Die Begrüßung

Die vorliegende Stunde beginnt – darauf wurde bereits verwiesen – wie die meisten Unterrichtsstunden: mit einer Begrüßung. Außerhalb der Schule, in nicht institutionellen Kontexten findet die Begrüßung in der Regel zwischen einzelnen Subjekten statt, die mittels der Begrüßung zu erkennen geben, dass sie sich wechselseitig wahrgenommen haben und einander anerkennen, so dass die Voraussetzung für eine gemeinsame Praxis vorhanden ist. Zu einer gemeinsamen Praxis kommt es nicht immer, doch in vielen Fällen wird durch die Begrüßung eben eine solche eröffnet – und durch die Verabschiedung wieder geschlossen bzw. beendet. Manche Begrüßungen kennzeichnet, dass mit ihnen weiter nichts ausgesagt wird, sie haben keinen spezifischen propositionalen Gehalt und sind auf ihre Funktion hin reduziert (z. B. das »Hallo«). Mit anderen ist eine gewisse »Botschaft« verbunden, z. B. ein auf den Adressaten bezogener Wunsch, es möge ihm gut gehen. In der Schule, im Unterricht erfüllt die Begrüßung auch diese Funktion der Eröffnung einer gemeinsamen Praxis, einer kommunikativen Praxis. Jedoch handelt es sich bei dieser nicht um eine, an der – wie in den meisten Fällen – nur zwei Personen, sondern um eine, an der zwei »Parteien« beteiligt sind, diejenige des Lehrers auf der einen Seite und die der Schüler auf der anderen. In die Begrüßung ist die Asymmetrie des Lehrer-Schüler-Verhältnisses eingeschrieben, die für das gesamte Unterrichtsgeschehen prägend ist. Mit der Begrüßung wird in der Schule nun eine spezifische Praxis eröffnet, eine pädagogische Praxis. Und insofern die Begrüßung bereits Teil dieser Praxis ist, ist sie auch in ihrer pädagogischen Bedeutung zu explizieren: Sie hat eine erzieherische Funktion, denn sie konfrontiert die Schüler mit der Erwartung, sich im Folgenden gemäß der Rolle, die sie in der Schule innehaben, zu verhalten, genauer gesagt, sich so zu verhalten, wie es von ihnen erwartet wird, wenn der Unterricht begonnen hat. Und die Schüler entsprechen schließlich dieser Erwartung, wenn sie auf den Lehrer reagieren, indem sie – gemäß dem Ritual – zurückgrüßen.

Wie findet die Begrüßung nun in der vorliegenden Stunde statt? Bevor es zu ihr kommt, äußert sich der Lehrer folgendermaßen:

1 Lm: So, wir wollen anfangen.

Mit dem Partikel »so« wird eine Zäsur gemacht: Die vorherige Interaktion wird abgeschlossen, die vorunterrichtliche Kommunikation wird für beendet erklärt und ein Anfang für die Unterrichtskommunikation gesetzt. »Wir wollen anfangen« scheint paradox zu sein, denn faktisch hat der Lehrer mit »so« bereits begonnen und setzt mit »wir wollen anfangen« diesen Anfang nun fort. Gleichzeitig zielt er mit seiner Bemerkung aber darauf ab, dass ein Anfang im Folgenden gemacht werden soll, allerdings ein gemeinsamer, der Anfang eines »wir«, einer Praxis als einer kollektiven Praxis. Dadurch dass der Lehrer nicht (nur) von sich selbst spricht, sondern das Personalpronomen der 1. Person Plural verwendet, nimmt er für sich in Anspruch, stellvertretend für alle Anwesenden zu sprechen. Diese werden mit der Rede vom »wir« vergemeinschaftet. Der Lehrer formuliert also stellvertretend den – hypothetisch angenommenen – allgemeinen Willen, den Unterricht zu beginnen. Denn faktisch »will« erst einmal nur er, der Lehrer, anfangen – ob die Schüler dies auch wollen, lässt sich gar nicht sagen (und kann auch der Lehrer nicht wissen). Er unterstellt, dass auch bei ihnen der Wunsch und der Wille vorhanden sei, mit dem Unterricht zu beginnen. Und dies ist pädagogisch zu interpretieren, also zu interpretieren als ein pädagogischer Akt: »Auch wenn ihr nicht wollt, dass angefangen wird, wenn ihr kein Interesse am Unterricht haben solltet – und das ist bestimmt bei dem einen oder anderen der Fall –, wenn ihr also nur hier sein solltet, weil ihr hier sein müsst, gehe ich dennoch davon aus, dass der Unterricht in eurem Interesse ist. Und mein Bestreben ist es, den Unterricht so zu gestalten, dass ihr an ihm teilnehmen wollt, weil er in eurem Sinn ist. Ja, ich verfolge mit meinem Unterricht das pädagogische Ziel einer Bildung, die ihr, wenn ihr sie gewonnen habt, bejahen werdet. Und um dieses Ziel verfolgen zu können, muss ich einen Willen, genauer gesagt, euer Interesse an Bildung bzw. am Unterricht unterstellen.«

1 So, as-salamu 'alaikum.

Wie sich zuvor zeigte, spricht der Lehrer deutsch, redet zu seinen Schülern in der deutschen Sprache. Die Begrüßung führt er nun aber in Arabisch durch. Der Wechsel in eine Fremdsprache bei der Begrüßung ist in der Schule nicht unüblich, ist immer dann anzutreffen, wenn eben Fremdsprachenunterricht stattfindet (und der Unterricht wird dann entweder in der Fremdsprache fortgeführt, wie das häufig in der ersten Fremdsprache, in Englisch, oder auch in der zweiten üblich ist. Oder der Lehrer kehrt in die deutsche Sprache zurück, wie im Lateinunterricht.) Doch wissen wir, dass momentan kein Arabischunterricht stattfindet, sondern islamischer Religionsunterricht.

Die Übersetzung der Begrüßung lautet: »Friede sei mit dir/euch.« Der Sprecher, der Grüßende eröffnet also eine Interaktion mit den Adressaten, den Begrüßten, indem er diesen Friede wünscht. Und das heißt, weder soll von ihm selbst Aggression, Gewalt, Krieg o. ä. ausgehen, noch mögen die Angesprochenen Opfer von Aggression oder Gewalt werden. Vor dem Hintergrund dessen, dass der Friede keine Selbstverständlichkeit, aber eine elementare Vorraussetzung für das menschliche Leben ist, wird dem Gegenüber eben ein solcher gewünscht.

Ist es ein besonderer Friede, der mit diesem Gruß den Adressaten gewünscht wird? Ist es der Friede Gottes? Wenn ja, was ist der Friede Gottes? Ist er der Qualität nach ein anderer Friede als der Friede, wie er oben verstanden wurde, ein Zustand, der durch Abwesenheit von Gewalt und Krieg gekennzeichnet ist? Oder ist es kein anderer Zustand, also der gleiche Friede, der aber von Gott kommt und den womöglich nur er herbeiführen bzw. gewährleisten kann?

Mit der zuletzt genannten Frage hängt zusammen: Wie ist der Gruß einzuordnen? Handelt es sich bei ihm schlicht um den in der arabischen Sprache, genauer gesagt, in einer bestimmten Kultur, die durch die Verwendung des Arabischen gekennzeichnet ist, üblichen Gruß, oder ist er grundsätzlich religiös konnotiert? Ist er der Sphäre der Kultur zuzuordnen oder derjenigen der Religion? Zur Beantwortung dieser Frage wäre es wichtig zu wissen: Wann hat es sich »eingebürgert«, dass die Begrüßung auf diese Weise vollzogen wird, schon vor der Zeit der Entstehung des Islam? Oder ist diese erst mit der Offenbarung, mit dem Auftreten Mohammeds als Prophet üblich geworden? Und wie stark ist sie verbreitet? Grüßen sich nur diejenigen, deren Muttersprache Arabisch ist, auf diese Weise oder auch Türkisch oder Persisch sprechende Menschen? Und machen diese es nur dann, wenn sie Muslime sind?

Für die Interpretation der vorliegenden Stunde sind diese Fragen nur bedingt relevant. Jedoch ist es wichtig festzuhalten, dass dieser Gruß – unabhängig von der nationalen Zugehörigkeit – faktisch nur zwischen Muslimen üblich ist. Genauer gesagt, Muslime tauschen ihn untereinander aus und anerkennen sich damit wechselseitig als solche. Es ist nicht vorgesehen, dass auch Nichtmuslime mit ihm begrüßt werden. (Allenfalls kann der Gruß, wenn er von Nichtmuslimen verwendet wird, diesen erwidert werden.) Mit dem Friedensgruß wird also, so lässt es sich sagen, die Grenze zwischen den Muslimen, der *umma*, und den Nichtmuslimen markiert. Nur innerhalb der *umma* wird er verwendet.[8]

Wenn der Unterricht also mit »as-salamu 'alaikum« begonnen wird, so wird von Anfang an nicht nur deutlich gemacht, dass jetzt ein Unterricht beginnt, der sich von dem restlichen Unterricht dadurch unterscheidet, dass eben ein anderes Fach unterrichtet wird. Sondern mit der Begrüßung wird die gemeinsame Praxis als eine eingerichtet, bei der unterstellt wird, dass alle Anwesenden Muslime sind.

In der Begrüßung liegt also ein distinktives Moment. Mit ihr wird die Praxis des Unterrichts als eine besondere Praxis eröffnet, diejenige einer religiös distinktiven Gemeinschaft. Faktisch ist es sehr wahrscheinlich tatsächlich so, dass alle Anwesenden Muslime sind – sicher ist dies jedoch nicht. Wenn aber mit dem Gruß implizit davon ausgegangen wird, dies sei so, dann zeigt sich, dass der Gruß eine weitere pädagogische Dimension hat: Mit ihm wird die Erwartung zum Ausdruck gebracht, dass die Anwesenden Schüler alle Muslime sein mögen. Anders gesprochen: Mit dem Gruß wird die Erziehung der Schüler zu Muslimen begonnen – und zwar dadurch, dass der Lehrer sich gegenüber den Schülern vorbildlich verhält, genauer gesagt, dass er exemplarisch etwas vormacht, das die Schüler nun nachmachen sollen. Er erzieht zu einem Verhalten, wie es die Religion vorsieht bzw. wie es in der *umma* üblich ist, und zwar nicht, indem er seinen Schülern sagt, wie sie sich verhalten sollen, sondern indem er etwas wie selbstverständlich macht. Und in der Einübung dieses Verhaltens liegt mehr als dieses selbst, nämlich die Ansprache der Schüler, so als seien sie bereits Muslime. Gerade dadurch werden sie dazu erzogen, Muslime zu sein.

2 Sm/w: Wa 'alaikum as-salam. {alle Schüler}

Die Schüler antworten »im Chor«. Ihre Antwort erfolgt synchronisiert, was darauf hinweist, dass es sich bei dieser um ein eingeübtes

8 Siehe: Houtsma, M.Th. et al. (Hg.), Enzyklopädie des Islams. Geographisches, ethnographisches und biographisches Wörterbuch der muhammedanischen Völker, Leiden Leipzig 1908-1936.

Ritual handelt. Die außerschulische, nicht in institutionalisierten bzw. stark normativ strukturierten Kontexten stattfindende Begrüßung kennzeichnet, dass sie freiwillig geschieht (und entsprechend auch unterlassen werden könnte) – nur dann wird mit ihr implizit die Anerkennung des Gegenübers zum Ausdruck gebracht. Wenn in der Schule jedoch die Begrüßung so vollzogen wird, dass alle Schüler gleichzeitig antworten, dann ist die Freiwilligkeit systematisch getilgt. Die Begrüßung wird dann zu einem Ritual, mit dem die Schüler zeigen (sollen), dass sie registriert und anerkannt haben, dass jetzt der Unterricht beginnt. Die Ritualisierung der Begrüßung steht also im Kontext der Übernahme der Schülerrolle. Indem die Schüler die Begrüßung rituell vollziehen, zeigen sie, dass sie ihre Rolle zu übernehmen bereit sind – und sie sind mit der Erwartung konfrontiert, dass sie sich für die Dauer des gesamten Unterrichts eben gemäß dieser Rolle verhalten werden.

In dem vorliegendem Fall erwidern die Schüler die Begrüßung bzw. den Friedensgruß in derselben Sprache, in der dieser ausgesprochen wurde, in Arabisch. Die Frage, die oben bereits aufkam, stellt sich hier erneut: Was bedeutet das? Es lässt sich sagen, dass die Schüler damit ihre Bereitschaft zeigen, sich nicht nur gemäß ihrer Rolle als Schüler zu verhalten, sondern auch sich zu Muslimen erziehen zu lassen. Und sie ratifizieren mit ihrer Antwort die Konstruktion einer religiös distinktiven Gemeinschaft. Anders gesprochen, weil die Schüler die Begrüßung durch den Lehrer in regelkonformer Weise erwidern, ist die Konstruktion der Gemeinschaft als einer religiösen distinkten abgeschlossen, ist sie gelungen.

3 Lm: Friede sei mit euch.
4 Sm/w: Friede sei mit dir. {alle Schüler}

Warum wird die Begrüßung noch einmal in deutscher Sprache wiederholt? Sich zweimal zu begrüßen macht eigentlich keinen Sinn, hat vor allem dann keinen Sinn, wenn ersichtlich ist, dass die Begrüßung insofern »gelungen« ist, als sie erwidert wurde: Die Vorraussetzung für eine gemeinsame Praxis, dass beide Seiten sich wechselseitig anerkannt haben und zu dieser Praxis bereit sind, ist damit gegeben. Eine Wiederholung würde nur dann Sinn haben, wenn die Beteiligten den Eindruck haben, die Begrüßung sei entweder erst gar nicht angekommen bzw. nicht verstanden oder sie sei nicht adäquat erwidert worden. Doch zum einen kann davon ausgegangen werden, dass alle Beteiligten die Begrüßung durchaus verstanden haben – nicht nur in dem Sinn, dass sie wissen, was die arabische Formulierung bedeutet, sondern auch in dem, dass ihnen (mehr oder weniger) intuitiv klar ist, welche Bedeutung die Begrüßung grundsätzlich hat. Zum anderen war sie insofern »abgerundet«, ja, »gelungen«, als mit ihr davon ausgegangen werden kann, dass die Voraussetzungen für die gemeinsame Praxis des Unterrichts tatsächlich uneingeschränkt gegeben sind.

Warum also wird die Begrüßung in deutscher Sprache wiederholt? Wenn die Interpretation zutrifft, dass mit der ersten Begrüßung ein Prozess der Vergemeinschaftung, der Konstruktion einer religiösen Gemeinschaft vollzogen wurde, dann lässt sich in Bezug auf die zweite Begrüßung sagen, dass durch sie, d.h. durch die Wiederholung der Begrüßung in der deutschen Sprache deutlich gemacht wird: Der Unterricht ist zwar ein spezifischer, findet auf der Basis einer religiösen Vergemeinschaftung statt, ist aber dennoch einer, der im Rahmen »deutscher Schulkultur« verbleibt und sich der deutschen Sprache bedient.

Der Unterricht ist also auf der einen Seite ein besonderer, ein Unterricht von Muslimen bzw. mit Schülern, die zu Muslimen erzogen werden sollen. Auf der anderen Seite findet er aber in deutscher Sprache statt, ist ein Unterricht im Rahmen einer deutschen Schule. Zwar spielt das Arabische in diesem Unterricht eine besondere Rolle – zumindest die Begrüßung wird in Arabisch vollzogen. Das muss aber nicht bedeuten, dass nun der ganze Unterricht auf Arabisch gehalten wird. Aufgrund der besonderen Bedeutung, die das Arabische im bzw. für den Islam besitzt, könnte dies womöglich erwartet werden. Doch zum einen kann nicht davon ausgegangen werden, dass alle anwesenden Schüler des Arabischen mächtig sind. Auch ist es nicht der Sinn dieses Unterrichts, den Schülern die arabische Sprache beizubringen. Zum anderen findet – wie gesagt – der Unterricht in einer deutschen Schule statt und trägt diesem Umstand Rechnung. Die doppelte Begrüßung kann insofern als Ausdruck eines Problems interpretiert werden, das mit ihr punktuell gelöst wurde, vor dem der Unterricht jedoch grundsätzlich steht: dem der Vermittlung des Islam in einem Unterricht, der in deutscher Sprache durchgeführt wird (und auch werden muss[9]) im Rahmen einer Schule, die durch

9 In Baden-Württemberg ist dies gesetzlich vorgeschrieben.

eine bestimmte »Kultur« geprägt ist und mit Schülern, die – mehr oder weniger – in der deutschen Gesellschaft aufgewachsen sind und in Zukunft voraussichtlich in dieser leben werden. Wie wird dieses Problem im Weiteren in der vorliegenden Stunde gelöst?

Vorbereitung der Erarbeitungsphase

In vielen Stunden ist es so, dass der Unterricht nicht damit beginnt, dass unmittelbar mit der Be- bzw. Erarbeitung einer neuen Sache begonnen wird. Dann werden erst einmal aktuelle Begebenheiten besprochen, wird Organisatorisches geklärt usw. usf. In dem vorliegendem Fall sind es drei Dinge, die der Lehrer vorweg, also bevor mit der Behandlung des neuen Themas begonnen wird, anspricht: Zum einen weist der Lehrer die Schüler darauf hin, dass es sich bei der aktuellen Stunde um die vorletzte Stunde vor den Ferien handelt:

> Lm: So, wir haben jetzt heute (.) noch diese Stunde (.)
> und am Dienstag, inscha'allah, sehen wir uns und dann
> sind ja schon Ferien.

Was ist der Grund für diese Bemerkung? Naheliegend ist zum einen die Deutung, dass der Lehrer den Schülern »Mut machen« will: »Bedenkt, es sind nur noch zwei Stunden, dann habt ihr Ferien. Diese zwei Stunden sind nicht viel, das werdet ihr (auch) noch schaffen.« Das würde bedeuten, dass er davon ausgeht, dass die Schüler den Unterricht als Belastung sehen, etwas, das sie ertragen müssen. Angesichts dessen wird ihnen die Hoffnung gemacht: Bald sind Ferien. Und die Aussicht darauf, dass sie von dieser Last bald befreit sein werden, soll die Schüler womöglich dazu motivieren, noch zwei Stunden durchzuhalten und mitzumachen.

Denkbar ist allerdings auch die genau entgegengesetzte Lesart. Dann sagt der Lehrer mit seiner Bemerkung: »Wir sehen uns leider nur noch sehr selten. Wir haben nur noch sehr wenig Zeit, denn – leider – sind bald schon wieder Ferien.« Gemäß dieser Lesart ist der Unterricht eine knappe Ressource – und der Bemerkung des Lehrers die Erwartung implizit, dass die Zeit nicht vertan, sondern, eben weil sie knapp ist, gut genutzt werden sollte.

Auffällig ist das eingeschobene »inscha'allah«. Übersetzt heißt es: »So Gott will.« Der Dienstag liegt in der Zukunft und für alles, was in der Zukunft liegt, gilt, dass es ungewiss ist, dass zwar auf der Basis von bestimmten Erfahrungswerten und Wahrscheinlichkeiten Prognosen angestellt werden können, dass sein Eintreten jedoch ungewiss ist, weil es von dem Willen Gottes abhängig ist. Es wird nur so sein bzw. kommen, wie wir es erwarten, wenn *er* es will. Allgemein gesprochen: Das Leben liegt grundsätzlich in Gottes Hand. Hinzu kommt: Dieser Gott ist nicht nur allmächtig, insofern er alles machen kann, was er will. Er ist auch in seinem Handeln für die Menschen unberechenbar – ob er etwas tun wird und wenn ja, was er tun wird, ist völlig unabsehbar.

Durch diesen Einschub bekommt die gesamte Bemerkung des Lehrers eine andere, eine besondere Bedeutung: Der Sache nach spricht der Lehrer darüber, dass bald Ferien sind. Durch den Einschub jedoch bekommt diese Bemerkung einen anderen Status. Der Lehrer macht mit ihr beiläufig deutlich, wie er das Leben sieht, wie sein Ich-Welt-Verhältnis beschaffen ist: Er sieht sich selbst, das Leben, die Welt in Gottes Händen. Und indem der Lehrer dieses beiläufig eingestreute Bekenntnis ablegt, erwartet er freilich keine unmittelbare Reaktion von Seiten der Schüler (wie bei der Begrüßung, mit der die Erwartung verbunden war, dass die Schüler unmittelbar mit einem komplementären Sprechakt auf sie reagieren). Doch wirkt er dennoch erzieherisch auf seine Schüler, denn er präsentiert sich auch hier als ein Vorbild für sie. Ja, man könnte sagen: Der Lehrer erscheint den Schülern hier nicht nur als Vorbild, d.h. als jemand, dessen Verhalten sie imitieren bzw. an dem sie sich orientieren können und sollten, sondern als Verkörperung des Bildungszieles, das mit dem islamischen Religionsunterricht verfolgt wird, als Verkörperung jenes Ich-Welt-Verhältnisses, das für einen gottergebenen Muslim charakteristisch ist.

Zum anderen spricht der Lehrer abstrakt an, was in der gegenwärtigen Stunde Thema sein soll:

> 7 Heute wollen wir eine
> 8 Sache wiederholen, die wir schon in der zweiten
> 9 Klasse auch mal erwähnt haben, darüber haben wir
> 10 gesprochen. Ihr werdet gleich sehen, um was es geht.

Das Thema der Stunde wird nicht unmittelbar benannt, doch wird den Schülern mitgeteilt, dass es ein solches ist, das sie schon kennen. Damit wird auf der einen Seite eine gewisse Spannung aufgebaut

– die Schüler wollen nun gewiss wissen, worum es gehen soll, doch müssen sie sich noch gedulden. Auf der anderen Seite wird diese Spannung jedoch sofort wieder abgebaut, bzw. kann diese gar nicht erst groß werden, da den Schülern gesagt wird, dass sie das Thema schon kennen. Was sie erwartet, ist eine Wiederholung, das Thema kam in der zweiten Klasse schon einmal vor. Doch schwächt der Lehrer dies ein wenig ab: Das Thema wurde »auch mal erwähnt, darüber haben wir gesprochen.« Das heißt, eine wirkliche Wiederholung wird nicht erfolgen, vielmehr soll ein Thema, das in der Vergangenheit bereits einmal angesprochen wurde, noch einmal aufgegriffen und nun gründlich behandelt werden. Allgemein gesprochen: Auf der einen Seite wird das Thema kontextualisiert, es wird in den Zusammenhang des Unterrichts als einem über mehrere Jahre sich erstreckenden Prozess eingefügt. Auf der anderen Seite wird gleichzeitig markiert, dass die Art der Behandlung des Themas nun eine andere sein wird.

Schließlich richtet der Lehrer das Arrangement ein, in dem über das noch nicht explizit benannte Thema gesprochen werden soll:

> 11 Wir kommen zunächst einmal in den Sitzkreis.

Was ist ein Sitzkreis? Die Schüler befinden sich gegenwärtig noch an ihren regulären Plätzen.[10] Nun aber sollen sie in einen Sitzkreis gehen. Dieser scheint nicht erst gebildet werden zu müssen, sondern vorweg bereits zu bestehen. Zumindest scheint es eine Sitzordnung zu sein, welche die Schüler schon kennen, die also nicht erst erklärt werden muss, weil sie den Schülern bereits vertraut ist. Der Sitzkreis bedeutet, dass alle – sowohl der Lehrer als auch die Schüler – sich so setzen, dass sich ein Kreis ergibt. Der Kreis ist eine geometrische Figur, die dadurch gekennzeichnet ist, dass alle Punkte auf der Linie, die den Kreis bildet, gleich weit entfernt vom Mittelpunkt sind. Mit dem Sitzkreis ist, so könnte man sagen, intendiert, den Schülern deutlich zu machen, dass die in der gewöhnlichen Sitzordnung schon durch die Verteilung im Raum symbolisch zum Ausdruck kommende Asymmetrie, die Asymmetrie zwischen Lehrer und Schülern aufgehoben sein soll. In der gewöhnlichen Sitzordnung bildet der Lehrer den Mittelpunkt, nun, so die implizite Botschaft, entsteht eine Egali-

10 In der Grundschule ist häufig eine Sitzordnung anzutreffen, bei der die Schüler an Gruppentischen sitzen. Dies könnte auch hier der Fall sein.

tät, reiht sich der Lehrer in den Kreis all derer ein, die den gleichen Abstand zum Mittelpunkt haben – und etwas anderes kann in den Mittelpunkt geraten: die Sache.

Wie gesagt, die Ordnung des Sitzkreises hat eine symbolische Funktion. Faktisch wird es so sein, dass auch im Sitzkreis die Asymmetrie erhalten bleiben und der Lehrer die Gesprächsführung inne haben wird (oder sie an andere delegiert). Der Lehrer bleibt letztlich der Lehrer – und die Schüler bleiben die Schüler. Dennoch wird eine Gleichrangigkeit gewissermaßen »behauptet«, findet eine Inszenierung statt, die den Zweck hat, die Sache in besonderer Weise hervorzuheben und in den Mittelpunkt zu stellen.

Der Stuhl- bzw. Sitzkreis ist in der Grundschule nichts Ungewöhnliches, ja, scheint dort relativ beliebt zu sein.[11] Er findet in vielen Fächern Verwendung, im Fach Religion kann er jedoch eine besondere Note erhalten, denn die »Sache« ist hier nicht irgendeine Sache, sondern eine besondere, der eine existentielle Bedeutung zugeschrieben wird. Religionen differenzieren, sie unterscheiden die Dinge in weltliche und göttliche bzw. in heilige und profane.[12] Und in Bezug auf das Heilige sind alle Menschen letztlich gleich. Wenn nun im Religionsunterricht ein Sitzkreis gebildet wird, so kommt es zu einer Passung zwischen der symbolischen Ordnung im Raum und der Art und Weise, wie in Religionen das Verhältnis zwischen den Menschen und dem Heiligen vorgestellt wird. Zugespitzt ließe sich deswegen die These formulieren: Der Sitzkreis ist das soziale Arrangement, mit dem die Schüler auf eine Hierophanie vorbereitet bzw. auf eine solche eingestimmt werden. Oder etwas vorsichtiger ausgedrückt: Durch die Sitzordnung soll unterstrichen werden, dass das Thema, um das es im Folgenden gehen wird, ein besonderes ist. Sie passt zu dem Gegenstand als einem Numinosum.[13] Und wenn diese Interpretation zutrifft, ließe sich behaupten, dass der Sitzkreis auch

11 Dies ist womöglich auch deswegen so, weil mit dem Wechsel von der einen in die andere Sitzordnung verbunden ist, dass die Schüler sich bewegen, sie körperlich aktiv werden können und nicht nur die ganze Zeit auf ihrem Platz sitzen. Zudem kann mit diesem Wechsel die Differenz zwischen verschiedenen Phasen des Unterrichts klar markiert werden.

12 Nach Eliade besteht in dieser Differenz der Kern aller Religionen. Ihr Wesen besteht darin, dass sie diese Unterscheidung treffen. Siehe: Eliade, Mircea, Das Heilige und das Profane. Vom Wesen des Religiösen, Hamburg 1957.

13 Zu dem Begriff des Numinosen siehe: Otto, Rudolf, Das Heilige. Über das

eine erzieherische Funktion hat, nämlich die Funktion der Erziehung zu einer bestimmten Haltung gegenüber dem Gegenstand, dem Heiligen, und zwar derjenigen der Ehrfurcht.

Diese Deutung ist, dessen bin ich mir bewusst, sehr gewagt. Es ist, dies sei bedacht, nur eine These – und es wird sich zeigen, ob sie plausibel ist. Wenn sie zutrifft, dann zeigt sich auch hier, also an dem speziellen Arrangement, die Spannung zwischen der religiösen und der vollkommen profanen Dimension des Unterrichts, kann das Arrangement also als Versuch der Vermittlung zwischen der Religion, die Gegenstand des Unterrichts sein soll, und dem Unterricht selbst als einem profanen, alltäglichen Geschehen gedeutet werden.

Die Erarbeitungsphase: Hinführung zum Thema

Nachdem der Sitzkreis gebildet wurde und der Lehrer das Ergebnis mit »gut« evaluiert hat, fährt er folgendermaßen fort:

23 Lm: Wir hatten ja
24 die ganze Zeit über über (.) über Mohammed, salallahu
25 aleihe wa sallam, gesprochen, wie der Engel,
26 djibrail, allaihe wa sallam, zu ihm kam.

Immer noch nicht wird das Thema der Stunde benannt, vielmehr redet der Lehrer darüber, was in der Vergangenheit behandelt wurde. Damit wird zum einen erneut die Spannung gesteigert, zum anderen wird der Kontext, in den der Lehrer das Thema gerückt hat, konkretisiert. Den Schülern wird in Erinnerung gebracht, in welchem Zusammenhang von ihm bereits die Rede war. Und indem der Lehrer deutlich macht, wie das »neue« Thema an Vertrautes anschließt, schafft er einen Zugang für die Schüler zu diesem.

In der Vergangenheit wurde über den Prozess der Offenbarung gesprochen. In verschiedenen Quellen – im Koran (z. B. in Sure 96[14]), in verschiedenen Hadithen[15], in der Sira (der Biographie des Propheten)[16] – wird davon berichtet, wie der Engel Gabriel »zu ihm kam«,

Irrationale in der Idee des Göttlichen und sein Verhältnis zum Rationalen, München 1991.

14 Siehe: Paret, Rudi, Der Koran, Darmstadt 1975.

15 Siehe: Al-Buhari, Sahih, Nachrichten von Taten und Aussprüchen des Propheten Mohammed, hrsg. v. Dieter Ferchl, Stuttgart 1991.

zu Mohammed um ihm Gottes Wort mitzuteilen, damit er es an die Menschen weitergebe. Genauer gesagt, es wird davon berichtet, wie Mohammed von Gabriel den Auftrag bekam, im Namen Gottes den Menschen eine göttliche Botschaft zu verkünden. Es handelt sich um die initiale Szene des Offenbarungsprozesses: Mohammed hat sich an einen Ort begeben, der außerhalb seiner Geburtsstadt, außerhalb von Mekka liegt, an einen Ort der Einsamkeit, auf einen Berg bzw. in eine Höhle, die den Namen »Hira« trägt, ein herausgehobener Ort, an dem sich keine Zeugen befinden. Und an diesem Ort kommt der Engel Gabriel zu ihm.

Über dieses für den Islam zentrale Ereignis, über den Beginn des Offenbarungsprozesses, wurde also schon ausführlich gesprochen. Wie könnte nun in der gegenwärtigen Stunde daran angeknüpft werden, welche Möglichkeiten den Unterricht fortzuführen sind hier vorstellbar?

Denkbar wäre es, bestimmte Aspekte vertiefend zu behandeln: Wer sind die beteiligten Personen bzw. Figuren? Was wurde in dieser Situation gesagt? Und wie wurde auf die Offenbarung reagiert – zum einen von Mohammed, zum anderen von denjenigen, die von Mohammed von der Offenbarung erfuhren, an die also die göttliche Botschaft weitergeleitet wurde? Doch zu vermuten ist, dass auf diese Aspekte bereits eingegangen wurde. Das Thema der gegenwärtigen Stunde muss irgendwie darüber hinaus gehen.

Auffällig sind in dem vorliegenden Sprechakt des Lehrers auch die Einschübe in arabischer Sprache. Es handelt sich bei ihnen um sogenannte »eulogische Formeln«, um Segenswünsche, die auch als *tasliya* bezeichnet werden.[17] Solche Formeln verwendet der Lehrer im Zusammenhang sowohl mit Mohammed als auch mit dem Engel Gabriel. Zu übersetzen sind sie mit: »Der Friede Gottes sei mit ihm und Wohlergehen« (oder auch etwas freier: »Gott segne ihn und schenke ihm Heil«) sowie: »Friede sei mit ihm« (oder auch: »Heil sei über ihm«).

Es ist eine Konvention, ja, viele Muslime sehen es als eine religiöse Pflicht an, dass der Name »Mohammed« immer mit dem Zu-

16 Siehe: Ibn Ishak, Mohammed. Das Leben des Propheten, übersetzt v. Gernot Rotter, Stuttgart 1982.

17 Siehe: Goldziher, Ignaz, Ueber die Eulogien der Muhammedaner, in: Zeitschrift der Deutschen Morgenländischen Gesellschaft, 56. Band, Leipzig 1896, S. 97-128.

satz »salallahu aleihe wa sallam« ausgesprochen wird. Der Name »Mohammed« hat auch eine besondere Bedeutung – er ist von dem arabischen Verb *hamida* abgeleitet, das mit »loben«, »preisen« übersetzt werden kann. Doch er ist weit verbreitet und wird von vielen männlichen Individuen getragen. Durch den Zusatz wird nun der eine Mohammed, eben der Prophet Mohammed, von allen anderen Mohammeds klar unterschieden. Nur wenn der Prophet gemeint ist, wird der Name durch die *tasliya* ergänzt, nur ihm wünscht der Gläubige, wenn er seinen Namen nennt, stets, dass der Friede Gottes mit ihm sei und es ihm wohl ergehe. Und dies geschieht in einer konventionalisierten, ja, man könnte auch sagen, ritualisierten Art und Weise. Mit der Verwendung der *tasliya* bringt der Gläubige sprachlich zum Ausdruck, welche herausragende Bedeutung Mohammed für ihn hat.

Dass der Lehrer sich in diese Tradition stellt, ist in gleicher Weise zu interpretieren wie zuvor die Verwendung des »inscha'allah«: Auf der einen Seite ist darin ein Bekenntnis enthalten – in diesem Fall das Bekenntnis daran zu glauben, dass Mohammed der Prophet Gottes ist (und Gabriel ein Engel). Auf der anderen Seite präsentiert sich der Lehrer, indem er die *tasliya* beiläufig in seine Rede einflicht, als pflichtbewusster Muslim, ja, als ein religiöses Vorbild für die Schüler.

Hat der Lehrer zunächst den Schülern in Erinnerung gerufen, worüber in der Vergangenheit gesprochen wurde, um das »neue« Thema zu kontextualisieren bzw. einen Zugang zu ihm zu stiften (indem er es in eine Kontinuität mit dem Vergangenen, dem schon Bekannten gestellt hat), nennt er nun – endlich – das »neue« Thema:

26 Und heute
27 wollen wir über djibrail, allaihe wa sallam, reden und
28 über alle anderen Engel auch.

Der Anknüpfungspunkt ist ein Engel, den die Schüler schon kennen, der Engel Gabriel, der im Zusammenhang mit dem Thema »Offenbarung« bereits Gegenstand des Unterrichts war. Von ihm ausgehend will der Lehrer mit den Schülern nun über alle Engel sprechen. Das Thema »Engel« kann freilich in unterschiedlicher Weise behandelt werden, z. B. entweder indem Differenzen zwischen den verschiedenen Engeln oder indem Gemeinsamkeiten zwischen ihnen behandelt werden. Ersteres wäre z. B. dann gut vorstellbar, wenn es nur eine sehr begrenzte, überschaubare Zahl von Engeln gäbe, oder wenn es möglich wäre, die Engel in verschiedene Klassen einzuteilen (die großen Engel und die kleinen o. a.). Bei der anderen Möglichkeit würde eben von solchen Differenzen abgesehen und nach allgemeinen Merkmalen, nach dem »Wesen« von Engeln gefragt.

28 Wie die Engel sind.

Tatsächlich geht es dem Lehrer um die zweite Möglichkeit, will er mit den Schülern über allgemeine Merkmale von Engeln, über deren grundsätzliche Beschaffenheit reden.

Auffällig an der Formulierung des Lehrers ist, dass er nicht sagt: »Wie die Engel im Islam vorgestellt bzw. gedacht werden«, sondern: »Wie Engel sind.« In dieser Formulierung wird der Glaube an die Existenz der Engel als selbstverständlich gegeben vorausgesetzt. Zugrunde liegt hier kein konstruktivistisches Verständnis von der Religion des Islam, sondern vielmehr ein essentialistisches, genauer gesagt: Der Lehrer formuliert das Thema »Engel« aus der Binnenperspektive der Religion. Und darin setzt sich die religionspädagogische Linie des Lehrers – die hier vorläufig als eine, die nicht auf die Reflexion der Tradition, sondern auf die Einfügung in diese, bestimmt werden kann – fort: Er hatte damit begonnen, die Schüler als Muslime zu begrüßen, er hatte sich ihnen gegenüber als vorbildlicher Muslim präsentiert, der sich an die Pflicht hält, den Namen »Mohamed« nicht ohne die *tasliya* auszusprechen etc. Jetzt führt er das Thema bzw. die Fragestellung, die im Unterricht verfolgt werden soll, mit der Unterstellung ein, dass die Frage, ob es Engel überhaupt gibt, keine ist. Auch dies kann wieder erzieherisch gedeutet werden: Auch wenn der Lehrer sich nicht sicher sein sollte, ob die Schüler an die Existenz von Engeln glauben, so geht er einfach davon aus, dass dies so ist, also dass die Schüler an die Existenz von Engeln glauben. Und indem mögliche Zweifel an dieser von vorneherein ausgeklammert werden, werden die Schüler mit der Erwartung konfrontiert, dass Zweifel an der Existenz von Engeln für sie nicht bestehen sollten.

Spätestens an diesem Punkt wird deutlich: Es handelt sich bei dem vorliegenden Unterricht nicht um einen religionskundlichen. Für diesen ist kennzeichnend, dass er von einem religiös neutralen Standpunkt aus über Religion(en) informiert.[18] In dem vorliegenden

18 Dabei könnte versucht werden, Zweifel an den Aussagen der Religion(en)

Fall hingegen findet eine religiöse Unterweisung statt, eine religiöse Erziehung, die – und das ist pädagogisch zu verstehen – immer schon die Gültigkeit der Religion voraussetzt.[19] Während in Bezug auf die Religionskunde gesagt werden könnte, dass die Entscheidung bezüglich der von der Religion formulierten kognitiven Geltungsansprüche und moralischen sowie rituellen Verhaltenserwartungen letztlich bei den Schülern bleibt – sie werden über eine Religion oder auch mehrere informiert und können im Anschluss daran sich zu dieser/n unterschiedlich verhalten (alle Religionen ablehnend, nur bestimmte Religionen ablehnend, sich indifferent verhaltend, sich zu einer bekennend, sich aus verschiedenen Religionen etwas, das überzeugend auf sie wirkt, heraussuchend, eine Patchwork-Religion bildend etc.) –, ist im Fall der religiösen Unterweisung die Entscheidung vorweg bereits getroffen: Es wird von der Gültigkeit der Religion ausgegangen. Pädagogisch gesehen ist damit die Hoffnung verbunden, dass, indem etwas als selbstverständlich vorausgesetzt wird, das keineswegs selbstverständlich ist, es sich sukzessive durchzusetzen vermag. Obwohl für die Schüler die Gültigkeit der Religion des Islam keineswegs selbstverständlich ist, wird sie dieses doch mit der Zeit werden, wenn sie eben als selbstverständlich unterstellt wird. Die Logik der Erziehung folgt hier, so die implizite Annahme, der Logik der Tradition. Die Logik der Tradition besteht eben darin, dass ein Traditionsgut dadurch, dass es in einer kollektiven Praxis fraglose Gültigkeit besitzt, relativ reibungslos von der einen Generation an die nachfolgende weitergegeben werden kann. Diese Logik der Tradition beruht darauf, dass nur *eine* Tradition (die in sich freilich mehr oder weniger komplex ist) Gültigkeit für sich in Anspruch nehmen kann. Der Prozess der Weitergabe einer Tradition wird jedoch problematisch, wenn mehrere Traditionen bzw. mehrere Möglichkeiten ein Leben oder einen bestimmten Aspekt des Lebens zu gestalten,

auszuklammern, was jedoch schwierig sein dürfte, da dies ein sehr distanziertes Verhältnis voraussetzt. Von den Religionen geht aber immer die Aufforderung aus sich nicht distanziert zu ihnen zu verhalten, vielmehr – weil es um existenzielle Fragen geht – sich persönlich zu ihnen zu positionieren.

19 Siehe zur Unterscheidung von Religionskunde und religiöser Unterweisung: Mohr, Irka-Christi und Michael Kiefer (Hg.), Islamunterricht – Islamischer Religionsunterricht – Islamkunde. Viele Titel – ein Fach?, Bielefeld 2009.

nebeneinander existieren. In einer pluralistischen Situation besitzt keine Tradition eine fraglose Gültigkeit, ja, kann es gar keine selbstverständlich gegebene Tradition geben, können Traditionen nur dann entstehen oder bewahrt werden, wenn gegen den Zweifel, der mit der Existenz anderer Traditionen unmittelbar präsent ist, eine Entscheidung getroffen wird, und zwar die, eine Tradition neu zu erschaffen und sodann zu bewahren und zu pflegen. Das heißt, Traditionen besitzen in einer pluralistischen Situation nicht den Charakter des fraglos Gegebenen, sondern beruhen auf dem Gegensatz des Traditionellen: einer bewussten und freien Entscheidung. Und eine solche Entscheidung wird eben immer vor dem Hintergrund des Pluralismus, d.h. der Möglichkeit getroffen, sich auch anders entscheiden zu können – und damit tendenziell immer gegen den Zweifel an der »Tradition«.[20]

Der religionskundliche Unterricht geht konsequent von dieser Situation aus: Es ist nicht *eine* Religion gegeben, vielmehr existiert eine Vielzahl von Religionen. Und angesichts dessen, dass keine dieser verschiedenen Religionen eine fraglose Gültigkeit für sich in Anspruch nehmen kann und jedes Individuum letztlich selbst entscheiden muss, welche Antwort es auf die Frage nach dem Sinn des Lebens gibt, beschränkt sich der Unterricht auf die Vermittlung von Informationen über unterschiedliche Religionen. Dabei wird von der – sehr gewagten – Annahme ausgegangen, dass die Schüler sich in keiner Tradition befinden – und als »ortlose« distanziert über die verschiedenen religiösen »Angebote« reflektieren und sich sodann entscheiden können.

Anders bei der religiösen Unterweisung: Bei ihr wird davon ausgegangen, dass eine Entscheidung immer schon vorliegt. Diese Entscheidung ist jedoch nicht, wie es hier zunächst den Anschein haben könnte, eine Entscheidung des Lehrers. Auch ist es nicht eine der Schüler selbst. Vielmehr hat eine dritte Instanz, haben die Eltern diese Entscheidung getroffen, und zwar stellvertretend für ihr Kind, als sie dieses für den islamischen Religionsunterricht anmeldeten. Sie wollen, dass ihr Kind in einer bestimmten Tradition aufwächst, dass es in einem religiösen Sinn erzogen wird, dass es nicht nur weiß, woran in einer bestimmten Religion geglaubt wird und welche Erwartungen in dieser an diejenigen gerichtet werden, die sich zu ihr

20 Siehe: Berger, Peter, Der Zwang zur Häresie. Religion in der pluralistischen Gesellschaft, Freiburg Basel Wien 1992.

bekennen. Sondern sie wollen auch, dass ihr Kind an diese Religion glaubt und sie praktiziert. Sie haben sich, wenn sie ihr Kind in den Unterricht schicken, dafür entschieden, dass dieses religiös erzogen werden soll. Und der Unterricht entspricht dieser Erwartung: Der Lehrer erzieht die Schüler zur islamischen Religiosität, indem er sich den Schülern gegenüber als Vorbild präsentiert, ihnen religiöse Normen vermittelt und sie in die Vorstellungswelt der Religion einführt (ohne deren Geltungsansprüche in Frage zu stellen).

Wie ist die Entscheidung der Eltern motiviert? Zu vermuten ist, dass ihnen die Wahrung bzw. Neuerschaffung einer Tradition, genauer gesagt, einer bestimmten Religion wichtig ist – weil sie selbst sich dieser Religion zugehörig fühlen oder weil sie glauben, dass diese Religion ihrem Kind einen Halt und eine Orientierung geben kann. Und sie wollen, dass ihr Kind dasjenige erhält, was ihre Religion all denjenigen verspricht, die sich zu ihr bekennen, und das nur sie zu geben in der Lage ist. Und/oder sie wollen, dass es nicht zu einer Entfremdung zwischen ihnen und ihrem Kind kommt, weil dieses die Religion seiner Eltern nicht teilt, womöglich zu einer anderen Religion findet, religiös indifferent oder auch religionsfeindlich wird.

Nur wenn Eltern eine solche Entscheidung treffen, kann überhaupt das Angebot einer religiösen Unterweisung gemacht werden. Und daraus lässt sich im Hinblick auf den Religionsunterricht generell schließen: Dieser setzt voraus, ja, findet nur statt, wenn es Eltern wichtig ist, dass eine bestimmte Tradition an ihr Kind bzw. an die nachfolgende Generation weitergegeben wird.

Wenn Eltern wollen, dass ihre Kinder den islamischen Religionsunterricht besuchen und dort religiös unterwiesen werden, so kann daraus freilich keineswegs auf eine illiberale Haltung geschlossen werden. Die Frage wird allerdings sein, wie die Eltern und wie die Lehrer reagieren, wenn die Situation eintritt, dass die Kinder bzw. die Schüler – vor dem Hintergrund des grundsätzlich bestehenden Pluralismus – beginnen, die eigene Tradition in Frage zu stellen, und von ihrem Recht, sich auch gegen sie entscheiden zu können, gedenken Gebrauch zu machen.[21]

Nun ist allerdings noch zu berücksichtigen, dass zwischen einem Religionsunterricht in der Schule und einem solchen im Rahmen ei-

21 Siehe: der Verf., Rezension zu: Kaddor, Lamya (Hg.), Islamische Erziehungs- und Bildungslehre, Berlin 2008, in: Ästhetik und Kommunikation, Heft 143, 2008, S. 120ff.

ner Gemeinde (oder eines Vereins) unterschieden werden muss. Nur letzterer kann eigentlich als »religiöse Unterweisung« im engeren Sinn bezeichnet werden. Worin liegt der Unterschied?

Natürlich sind die äußeren Rahmenbedingungen verschieden, ist der Träger jeweils ein anderer – hier der Staat, da eine Gemeinde oder ein Verein –, ist das Personal und dessen Ausbildung verschieden etc.[22] Doch worin liegt der Unterschied im Hinblick auf die pädagogische Praxis selbst? Gibt es einen solchen überhaupt?

In dem Religionsunterricht, der in den Gemeinden bzw. Vereinen durchgeführt wird, besteht das Ziel der religiösen Erziehung darin, dass die Kinder zu vollwertigen, zu religionsmündigen Mitgliedern der Gemeinde bzw. des Vereins werden. Ihnen werden grundlegende Glaubensinhalte vermittelt und sie werden in religiöse Praktiken eingeführt. Diese werden eingeübt, so dass die Heranwachsenden schließlich wie die anderen, die erwachsenen Mitglieder der Gemeinde bzw. des Vereins auch am Leben der religiösen Gemeinschaft partizipieren können. Sie sollen vor allem durch den Unterricht dazu in die Lage versetzt werden, an dem Gottesdienst, der zentralen religiösen Praxis der Gemeinde bzw. des Vereins, teilzunehmen und z. B. die in diesem stattfindenden Rituale kennen und »beherrschen«, etwa Gebete mitsprechen und die mit ihnen verbundenen Handlungen mitvollziehen können.

Das Ziel des schulischen Unterrichts ist – unabhängig von dem Fach, das unterrichtet wird – ein anderes: nicht die Erziehung zu einem vollwertigen Gemeinde- bzw. Vereinsmitglied, sondern zu einem Mitglied der Gesellschaft, und zwar zu einem solchen, das dazu in der Lage ist, als Staatsbürger am politischen Leben zu partizipieren und in einem der zahlreichen Berufe eine Arbeit zu finden und zu leisten, mit der die eigene ökonomische Subsistenz gesichert werden kann. Zu diesem Zweck wird den Schülern eine Allgemeinbildung vermittelt, die als notwendige Vorraussetzung für ein verantwortliches und eigenständiges Leben in der modernen Gesellschaft angesehen wird. Im Hinblick auf dieses Ziel, eben die Erziehung zu einem mündigen Subjekt, das dazu in der Lage ist, sein Leben unter den Bedingungen

22 Siehe: Ceylan, Rauf: Islamische Religionspädagogik in Moscheen und Schulen. Ein sozialwissenschaftlicher Vergleich der Ausgangslage, Lehre und Ziele unter besonderer Berücksichtigung der Auswirkungen auf den Integrationsprozess der muslimischen Kinder und Jugendlichen in Deutschland, Hamburg 2008.

der modernen Gesellschaft eigenständig zu führen, ist Unterricht sowohl inhaltlich als auch formal angelegt – inhaltlich durch die Konzeption eines Lehrplans, formal durch die Festlegung bestimmter didaktischer und methodischer Prinzipien. Der Religionsunterricht im Rahmen von Schule hat nun einen Lehrplan, der sich inhaltlich zum Teil mit dem des Religionsunterrichts in den Gemeinden bzw. Vereinen decken mag – hier wie dort geht es u. a. um grundlegende Inhalte der jeweiligen Religion sowie um religiöse Praktiken. Doch sind für den schulischen Religionsunterricht die gleichen didaktischen und methodischen Prinzipien relevant, die auch für den Unterricht in anderen Fächern, eben für schulischen Unterricht überhaupt leitend sind.[23] Diese Prinzipien geben dem Unterricht eine bestimmte Form und mit dieser Form des Unterrichts sind bestimmte Dinge vereinbar, andere nicht.

Nun zu dem Gegenstand des Unterrichts, den Engeln! Was sind Engel, wie kann man über Engel im Unterricht sprechen und was könnten die Gründe dafür sein, dass der Lehrer dieses Thema »auf die Tagesordnung gesetzt« hat? Die Antwort, was Engel sind, hängt von dem Standpunkt ab, von dem aus sie gegeben wird. Von einem agnostischen Standpunkt aus könnte die Antwort gegeben werden, dass sich diese Frage gar nicht beantworten lässt, da es entweder Engel gar nicht gibt oder zumindest nicht als Wesen, über die sich empirisch überprüfbare Aussagen treffen lassen. Für den Agnostiker ist alles Reden über Engel Spekulation. Von einem atheistischen Standpunkt aus, dem der Gegnerschaft zur Religion, würden spekulative Aussagen über Engel darüber hinaus wahrscheinlich kritisiert, entweder als »Zeitverschwendung« oder als »Hirngespinste«, als kindliche Phantasien oder – noch weiter gehend – als Mittel der Verdummung, womöglich zum Zweck der Ausübung von Herrschaft.[24]

23 Es gibt genauso wenig eine spezifische Fachdidaktik des Religionsunterrichts wie es auch keine spezifische Didaktik des Unterrichts in anderen Fächern gibt, in der ausschließlich eigene, besondere Prinzipien gelten. Die grundlegenden didaktischen Prinzipien, wie sie in der allgemeinen Didaktik formuliert werden, gelten vielmehr auch in den Fachdidaktiken. Die Fachdidaktiken stehen jedoch vor der Aufgabe, konkretisieren zu müssen, welche Konsequenzen aus diesen Prinzipien für den Unterricht in dem jeweiligen Fach zu ziehen sind.

24 Als »Opium des Volkes« (Marx) oder als »Opium für das Volk« (Lenin).

Von einem wissenschaftlichen Standpunkt aus gesehen ist es durchaus möglich, dergestalt über Engel zu sprechen, dass die Vorstellung der Existenz von Engeln nicht in Frage gestellt und die Dignität der Religion anerkannt wird. Dies setzt allerdings voraus, dass eben nicht (essentialistisch) über Engel selbst, sondern (konstruktivistisch) über Vorstellungen, die in Bezug auf Engel bestehen, gesprochen wird. In Begriffen der Sprechakttheorie formuliert: Es geht in der wissenschaftlichen Rede über Religion nicht um Aussagen des Typus »x ist ein p« (z. B. Engel sind existent), sondern es kann nur um solche des Typus »a behauptet, meint, glaubt (etc.), dass x ein p sei.« (Die Aussagen über Engel – und auch solche über andere metaphysische Entitäten – sind also immer im Kontext eines bestimmten Sprechaktes zu sehen.)

Von einem solchen wissenschaftlichen Standpunkt, genauer gesagt, von einem religionssoziologischen Standpunkt aus gesehen sind Engel Elemente eines religiösen Systems von Vorstellungen, für das die Unterscheidung von einer göttlichen und einer weltlichen bzw. irdischen Sphäre von grundlegender Bedeutung ist.[25] Beide Sphären stehen in einem kommunikativen Bezug zueinander, und es haben sich – religionsgeschichtlich gesehen – gesellschaftliche Positionen ausgebildet, Positionen von religiösen Experten, die für diese Kommunikation zwischen der göttlichen und der irdischen Sphäre zuständig sind und die den Menschen, den religiösen Laien, die Botschaften aus der Sphäre des Göttlichen vermitteln.[26] In monotheistischen Religionen ist die Distanz zwischen den beiden Sphären so groß geworden, dass sich spezifische Instanzen der Vermittlung zwischen ihnen ausgebildet haben. Diese können danach unterschieden werden, ob sie eher der Sphäre des Göttlichen angehören bzw. derjenigen, die Weber als »Hinterwelt« bezeichnet, oder der Sphäre des Irdischen, des Menschlichen. In dem einen Fall handelt es sich um vorgestellte, nicht empirisch wahrnehmbare Wesen, die – wie

25 Weber spricht noch allgemeiner von einer »Hinterwelt«, einer Welt »hinter« derjenigen, die uns phänomenal begegnet, hinter der sinnlich wahrnehmbaren Welt. Diese Hinterwelt kann unterschiedlich »bevölkert« sein, mit Geistern, mit Göttern oder eben auch mit nur einem Gott. (Siehe: Weber, Max, Religionssoziologie, in: Ders., Wirtschaft und Gesellschaft, Tübingen 1985.)

26 An dieser Stelle möchte ich Tilman Allert danken, auf dessen kommunikationstheoretische Reformulierung der Religionssoziologie von Weber ich hier zurückgreife.

auch der Gott selbst – in (selektiver) Analogie zu Angehörigen der Sozialität gedacht werden, in dem anderen sind es Menschen, denen Attribute, die dem Göttlichen bzw. dem einen Gott vorbehalten waren, zugeschrieben werden. Solche Mittlerfiguren sind – auf der einen Seite des Spektrums – die Engel, Wesen, die wie der eine Gott sich der sinnlichen Wahrnehmung entziehen, denen aber, wie gesagt, bestimmte Attribute des Menschlichen zugeschrieben werden. Auf der anderen Seite befinden sich Menschen, denen göttliche Eigenschaften zugeschrieben werden, z. B. Heilige, von denen angenommen wird, dass sie (punktuell) die göttliche Aufgabe, Protektion zu verleihen, erfüllen.[27] Andere Mittlerfiguren sind eindeutig der Sphäre des Irdischen zugeordnet, sind bar aller göttlichen Attribute: die Priester und die Propheten. Die einen, die Propheten vermitteln den Menschen stellvertretend für den einen Gott – der sich, soll er der eine, der allmächtige bleiben, nicht sinnlich wahrnehmbar im Irdischen manifestieren kann – dessen abstraktes Wort.[28] Soziologisch gesehen stehen sie dabei vor einem nicht stillstellbaren Bewährungsproblem – der Prophet ist immer mit der Möglichkeit des Scheiterns konfrontiert, des Scheiterns, das darin liegt, dass nicht auf ihn gehört wird, dass es ihm nicht gelingt, Gefolgschaft zu gewinnen. Die Priester hingegen »verwalten«, wie Weber es formuliert, die »Heilsgüter«. Sie kanonisieren und reflektieren – im Hinblick auf ihre Systematik, Konsistenz und Aktualität – die religiöse Überlieferung und konfrontieren die religiöse Gefolgschaft mit der Erwartung der Konformität in Bezug auf die religiösen Normen, also all diejenigen Regeln, die zu befolgen sind, damit in dem Reziprozitätsverhältnis zwischen Gott und den Menschen letztere die göttliche Protektion bzw. allgemein gesprochen: die »Heilsgüter« erhalten.[29]

27 Gewissermaßen in der Mitte liegt die Vorstellung von der Inkarnation des Göttlichen in einem Menschen, wie sie vor allem im Christentum mit der Vorstellung des Gottessohnschaft Jesu gegeben ist.

28 In der konsequentesten Variante des Monotheismus ist das Göttliche allein in der Sprache manifest bzw. in der Schrift. Nur die Schrift, in der das göttliche Wort festgehalten ist, ist heilig.

29 Zur Spannung zwischen der Vorstellung von der Allmacht des einen Gottes und derjenigen von einem Reziprozitätsverhältnis zwischen diesem Gott und den Menschen siehe: der Verf., Autonomie, Gehorsam und Bewährung im Koran. Ein soziologischer Beitrag zum Religionsvergleich, Hildesheim Zürich New York 1999.

Soziologisch gesehen sind Engel also im Rahmen des Glaubenssystems Wesen, die die Distanz zwischen der Sphäre des Göttlichen und derjenigen der Menschen verringern, die in ersterer angesiedelt sind und denen einige Attribute des Menschlichen zugeschrieben werden.

Welche Vorstellungen existieren im Islam über Engel? Im Islam sind verschiedene Engel namentlich bekannt[30]: Eine herausragende Stellung nimmt der Engel Gabriel (djibrail) ein. Dies hängt damit zusammen, dass er – was oben bereits angesprochen wurde – Mohammed den Koran offenbart hat. Namentlich bekannt ist auch der Engel Michael (Mika'il), der »Engel des Todes«, ein Engel namens »Malik« und eine Gruppe von Engeln, die »Höllenwächter« (»Zahariya«).[31] Von zentraler Bedeutung für die Vorstellung von den Engeln im Islam ist dasjenige, was sie tun, sind die Aufgaben, die sie erfüllen, sind ihre »Ämter«. Die Hauptaufgabe aller Engel besteht darin, dass sie Gott anbeten und seine Befehle erfüllen. Darüber hinaus werden einzelnen Engeln besondere Aufgaben zugeschrieben: Dem Engel Gabriel das Überbringen der Offenbarung, dem »Engel des Todes« die Aufgabe »den Sterbenden die Seele aus dem Leib zu nehmen«[32] etc. Über die »Natur« der Engel gibt es sodann unterschiedliche Auffassungen in der islamischen Theologie: Die dominante Meinung scheint zu sein, dass Engel durchaus einen »Körper« besitzen, als körperlich gedacht werden sollten, doch gibt es auch die Meinung, sie seien »unkörperliche Substanzen«[33]. (Jedenfalls können sie verschiedene Gestalten annehmen.) Es gibt eine Überlieferung, die auf Aischa, eine der Frauen des Propheten und die Tochter des ersten Kalifen Abu Bakr, zurückgeht und die besagt, die Engel seien aus Licht erschaffen. Nicht eindeutig zu beantworten ist die Frage, ob Engel ein Geschlecht haben. Konsens ist jedoch, dass sie sich nicht fortpflanzen.

30 Im Folgenden stütze ich mich auf: Stiegelecker, Hermann, Die Glaubenslehren des Islam, Paderborn München Wien Zürich 1983.

31 In der Enzyklopädie des Islam wird erklärt, die »Höllenwächter« würden als »al-Zabaniya« bezeichnet. Auch werden noch etliche andere einzelne Engel sowie Engelgruppen genannt. (Siehe: Houtsma, M.Th. et al. (Hg.), Enzyklopädie des Islam, herausgegeben. Geographisches, ethnographisches und biographisches Wörterbuch der muhammedanischen Völker, Bd. 3, Leiden 1936, Stichwort: »Mala'ika«, S. 209 ff.)

32 Stiegelecker, Hermann, Die Glaubenslehren des Islam, Paderborn München Wien Zürich 1983, S. 704.

33 Ebd., S. 706.

Strittig ist wieder, ob Engel fähig sind, Sünden zu begehen: Es wurde ja schon gesagt, dass sie Gottes Befehle erfüllen. Sie sind deswegen wesentlich durch ihren Gehorsam gegenüber Gott gekennzeichnet. Können sie trotzdem ungehorsam sein? Über diese Frage gehen die Meinungen auseinander. Zum Beispiel wird mit Bezug auf Iblis behauptet, Engel könnten durchaus sündigen: Iblis weigerte sich, Gott zu gehorchen und sich vor Adam niederzuwerfen.[34] Aber ist Iblis ein Engel? Auch wenn die Möglichkeit, dass Engel sündigen können, zugelassen wird, so gilt dennoch, dass sie – eben aufgrund ihres Gehorsams – »gut« sind. Ihnen steht der Satan als eindeutig »böse« gegenüber. Er ist der – letztlich allerdings ohnmächtige – Widersacher Gottes, der versucht, die Menschen von dem Weg Gottes, dem Weg der »Rechtleitung«, abzubringen. (Gelegentlich wird Iblis, eben wegen seines Ungehorsams, mit dem Teufel in eins gesetzt.)

Als »dunkle« Kategorie kennt der Islam noch die *ginn*, wobei strittig ist, ob diese Bezeichnung als Oberbegriff für die beiden Kategorien »Engel« und »Satan« zu verstehen ist oder ob es sich bei den *ginn* – wie die Mehrheit glaubt – um eine dritte Kategorie von (unsichtbaren) Wesen handelt, die weder (wie die Engel) eindeutig »gut« noch (wie der Satan) eindeutig »böse« sind.

Nun sollen Engel zum Gegenstand des Unterrichts gemacht werden. Wie ist das zu verstehen? Zum einen könnte dies so gemeint sein, das Ziel des Unterrichts bestehe darin, dass die Schüler ihre Vorstellungen davon, wie Engel sind, artikulieren bzw. solche erst entwickeln, also Vorstellungen davon, was letztlich unvorstellbar ist. Diese Vorstellungen sind und bleiben immer subjektiv. »Objektivität« kommt jedoch dadurch ins Spiel, dass über Engel in dem gegebenen Rahmen eines Unterrichts gesprochen wird, welcher der Vermittlung einer gegebenen Tradition dient, der Religion des Islam. In dieser existieren, wie oben dargelegt wurde, gewisse Vorstellungen über Engel. Der Unterricht steht also vor der Aufgabe, die Vorstellungswelt der Schüler mit derjenigen der Tradition zu vermitteln, anders gesprochen, eine »wechselseitige Erschließung« (Klafki) der Schüler und der Tradition in die Wege zu leiten. Dabei steht er, was das methodische Vorgehen betrifft, vor dem Problem, wie Engel zum Gegenstand des Unterrichts gemacht werden können. Während in anderen Fällen – z.B. im Biologieunterricht – das »Objekt« aus der

34 Siehe: Paret, Rudi, Der Koran, Darmstadt 1975.

Welt (z. B. ein Schmetterling) entweder so, wie es tatsächlich vorhanden ist, oder in einer für den Unterricht präparierten Form (z. B. wenn ein Schmetterling gefangen, getötet und für die Aufbewahrung präpariert wurde) aus der Welt in den Unterricht hineingeholt werden kann, ist dies bei Engeln nicht möglich, da sie nur als Vorstellung in der Welt existieren. Denkbar ist jedoch, dass sie mit Hilfe eines Mediums im Unterricht repräsentiert werden. So könnte über einen Text gesprochen werden, in dem ein oder mehrere Engel vorkommen (wie dies offensichtlich bereits geschehen ist). Oder es könnte mit Bildmaterial gearbeitet werden, auf dem Engel dargestellt sind. Diese Variante ist allerdings wegen des Bilderverbots, das im Islam besteht, problematisch. Dieses stützt sich vor allem auf Aussprüche des Propheten in Hadith-Texten. (Im Koran finden sich zwar schon einige Anhaltspunkte für dieses Verbot, dort wird es aber noch nicht ausdrücklich formuliert.)[35] Schließlich wäre es auch möglich, einen »Experten« einzuladen, der ein besonderes Wissen über Engel besitzt und dieses den Schülern unterbreitet. Wie dem auch sei, in jedem Fall würde sich die Frage stellen, wie denn mit Hilfe von bestimmtem Material oder mit Hilfe eines Experten über die Engel bzw. die Vorstellungen von Engeln gesprochen wird: Wird ein Text, wird ein »Bild« oder werden die Ausführungen eines Experten über Engel unhinterfragt hingenommen oder werden die – eventuell medial vermittelten – Vorstellungen im Hinblick auf das Medium bzw. den hinter dem Medium stehenden Menschen relativiert, indem sie als partikulare, subjektive Vorstellungen begriffen werden, die auch anders ausfallen könnten? Und wird danach gefragt, wie diese Vorstellungen entstanden sind bzw. von welcher Basis aus sie vermittelt werden?

35 Vor allem zwei Argumente wurden aus diesem für das Bilderverbot abgeleitet: Zum einen wird in der künstlerischen Darstellung von Menschen tendenziell ein Verstoß gegen den Monotheismus gesehen, denn, so heißt es, der Künstler, wenn er Lebewesen »erschafft«, stelle sich mit Gott, der allein der Schöpfer aller Dinge ist, auf eine Ebene. Zum anderen sei mit der Herstellung von Bildern lebender Wesen die Gefahr der Idolatrie gegeben. Historisch gesehen ist das Bilderverbot unter den Muslimen weitgehend Konsens gewesen. Dennoch hat es zu verschiedenen Zeiten Künstler gegeben, die sich nicht an dieses gehalten haben – und u. a. auch den Propheten dargestellt haben. Siehe: Naef, Silvia, Bilder und Bilderverbot im Islam. Vom Koran bis zum Karikaturenstreit, Beck 2007.

Schließlich stellt sich noch die Frage, welche Gründe der Lehrer dafür haben könnte, mit den Schülern über Engel zu sprechen. Es kann davon ausgegangen werden, dass im Rahmen des religiösen Systems Engel etwas sind, das Schülern der Jahrgangsstufe 3 besonders entgegenkommt. Während der eine Gott zwar ebenfalls in Analogie zu einem Angehörigen der Sozialität gedacht wird, ist er doch den Menschen – und damit auch den Kindern – sehr fern. Dies ist nicht in einem räumlichen Sinn zu verstehen: Gott wird als den Menschen potentiell sehr nahe vorgestellt (er ist dem Menschen so nah »wie seine Halsschlagader«). Ebenso können die Engel als den Menschen sehr nahe gedacht werden, z. B. wenn von ihnen angenommen wird, dass sie den Menschen ständig begleiten und seine guten und schlechten Taten notieren (wie die sogenannten Schreiberengel). Doch fern ist der eine Gott im Islam insofern, als ihm Eigenschaften zugeschrieben werden, die ihn letztlich den Menschen entrücken: Aufgrund seiner Allmacht ist er an Reziprozitätsverpflichtungen nicht gebunden. Er kann »gnädig« und »barmherzig« sein, also für die Menschen etwas tun, das über dasjenige hinausgeht, wozu er im Rahmen einer reziproken Beziehung verpflichtet ist.[36] Er kann aber auch strafen, ohne dass dem Menschen ein Grund dafür einsichtig wäre (etwa der, dass sie ihrer Reziprozitätsverpflichtung nicht nachgekommen sind). Bei Engeln ist dies jedoch anders: Sie vereinigen entweder nur gute Eigenschaften auf sich oder nur böse, haben also einen moralisch eindeutigen Charakter und sind in ihren Handlungen deswegen in der Regel zu verstehen. Während Gott – auch in seinem Handeln – unberechenbar sein kann, sind es die Engel nicht.

Es sind also bestimmte Attribute, die den Engeln zugeschrieben werden – die Nähe, die moralische Berechenbarkeit –, die bedingen, dass der Glaube an Engel womöglich für das Ich-Welt-Verhältnis von Schülern relevant ist, nämlich insofern, als mit ihm ein Gefühl der Sicherheit und Geborgenheit einhergeht.

Die Bildungsstandards für Islamische Religionslehre des Landes Baden-Württemberg sehen für den Unterricht in der 2. Klasse[37] unter der Überschrift »Themenfelder« in dem Teil »Kompetenzen

36 Siehe hierzu: der Verf., Autonomie, Gehorsam und Bewährung im Koran. Ein soziologischer Beitrag zum Religionsvergleich, Hildesheim Zürich New York 1999.

37 Zu der 3. Klasse existieren keine Angaben.

und Inhalte« u. a. auch den Punkt »Die Engel, unsere Freunde und Begleiter« vor.[38] Diese Formulierung sagt bereits etwas darüber aus, wie im Unterricht über Engel gesprochen werden sollte, nämlich ausgehend von den Schülern. Genauer gesagt, den Autoren der Bildungsstandards zufolge sollten Engel nicht ontologisch, nicht als für sich stehende Entitäten behandelt werden, sondern als das, was sie für die Schüler sind bzw. sein sollten: als »unsere Freunde« und als »unsere Begleiter«. Die Bedeutung, die sie für die Schüler haben (sollen), ist dieser Formulierung zufolge also eine ausschließlich positive, allenfalls neutrale: Sie seien »Freunde«, also wie Personen, die einem nahe stehen und mit denen die Schüler über alles reden können, und sie seien »Begleiter«, also immer in unmittelbarer Nähe zu den Schülern. (Ob sie ihnen deswegen auch immer helfen können, bleibt offen.)

Und ergänzend ist in den Bildungsstandards notiert:

»– Engel sind aus Licht geschaffen
– Jeder Mensch hat Schutzengel
– Engel sind unsere Freunde«

Zwei zuvor genannte Aussagen müssen korrigiert werden: Zum einen zeigt sich, dass doch auch auf die »Natur« der Engel eingegangen werden soll, eben auf die Vorstellung, dass sie »aus Licht geschaffen« sind. Zum anderen wird ihre Eigenschaft, die »Begleiter« der Schüler zu sein, spezifiziert: Sie beschützen die Schüler (bzw. alle Menschen). Auffällig ist, dass nur einer der zu behandelnden Aspekte aus den Ausführungen, die oben zu den Vorstellungen, welche im Islam über Engel existieren, bereits bekannt ist: die Aussage über die Natur der Engel. Die beiden anderen Aspekte sind Ergänzungen bzw. Erweiterungen, die deutlich machen, dass hinter den Bildungsstandards die Erwartung steht, dass im islamischen Religionsunterricht nicht abstrakt dogmatische Aussagen über Engel vermittelt werden, sondern auf das kindliche Denken der Schüler Rücksicht genommen werden soll.

38 http://www.bildung-staerkt-menschen.de/service/downloads/Bildungsstandards/GS/GS_IslamR_bs.pdf, (29. 3. 2011), S. 8.

Einbettung des Themas

Nachdem das Thema genannt wurde, fährt der Lehrer folgendermaßen fort:

> 29 Was ist denn euch noch vom letzten Jahr in
> 30 Erinnerung? Was könnt ihr über die Engel sagen?

Statt sich selbst inhaltlich zu dem Thema zu äußern, beginnt der Lehrer dergestalt, dass er zunächst die Schüler dazu auffordert, etwas zu dem Thema zu sagen. Bevor er also etwas Neues zu dem Thema in den Unterricht einbringt, sollen erst einmal die Schüler zu Wort kommen. (Dies entspricht der weit verbreiteten Maxime, dass die Schüler »dort abzuholen seien, wo sie sich gerade befinden«.)

Es wäre auf unterschiedliche Weise möglich gewesen, die Vorstellungen der Schüler, die sie in Bezug auf Engel haben, »abzurufen«: Der Lehrer hätte die Schüler fragen können, wie sie sich Engel vorstellen. Die Schüler hätten dann die Gelegenheit dazu erhalten, sich inhaltlich über Engel zu äußern, also darzulegen, wie sie sich diese vorstellen, wo sie sich ihrer Meinung nach befinden und was sie ihrer Meinung nach so alles machen. Es ist gut vorstellbar, dass der/die eine oder andere Schüler/in sich lebhaft geäußert hätte, da Engel – eben aufgrund ihres besonderen ontologischen Status' – die Phantasie von Kindern stark anregen können. Darüber hinaus hätten die Schüler auch die Möglichkeit gehabt, über die Rolle zu sprechen, die Engel in ihrem Leben spielen – und das hätte auch soweit gehen können, dass Schüler sagen, dass Engel für sie unbedeutend sind, ja, sie womöglich gar nicht an deren Existenz glauben.

Die Fragen des Lehrers zielen nun aber nicht darauf, dass die Schüler ihre subjektiven Vorstellungen, die sie von Engeln haben, bzw. ihr subjektives Verhältnis zu diesen zum Besten geben, sondern darauf, dass sie reproduzieren, was sie vor einiger Zeit gelernt haben. Dass im »letzten Jahr« schon einmal über Engel gesprochen wurde, ist bereits erwähnt worden. Was sie von damals behalten haben, sollen die Schüler nun mitteilen. Mit seiner zweiten Frage konzediert der Lehrer allerdings, dass die Schüler auch außerhalb des Unterrichts etwas über Engel gelernt haben könnten. Auch das können sie jetzt wiedergeben. Klar ist jedoch auch hier – dies wird an der Formulierung der Frage deutlich –: Der Lehrer bezieht sich mit seiner Frage auf einen klaren Referenten. Es geht nicht um irgendwelche, sondern um »die Engel«, also um ganz bestimmte Entitäten, deren Bekanntsein bei den Schülern vorausgesetzt wird. Zudem implizieren die Fragen des Lehrers, dass es bestimmte Aussagen gibt, die man über diese Wesen treffen kann, dass es einen Fundus von Wissen gibt, über den die Schüler womöglich nicht alle gleichermaßen verfügen, der aber, wenn sich verschiedene Schüler am Unterrichtsgespräch beteiligen, allmählich zusammengetragen werden kann. Der Lehrer ruft also, dies sei noch einmal hervorgehoben, nicht die subjektiven Vorstellungen, sondern das Wissen ab, dass die Schüler über Engel bzw. über »die Engel« besitzen.

Was kann man über Engel wissen? Von einem wissenschaftlichen bzw. erkenntniskritischen Standpunkt aus gesehen kann es – wie oben bereits ausgeführt wurde – gar kein »Wissen« über Engel geben, können keine Aussagen über diese Wesen mit dem Anspruch auf Allgemeingültigkeit formuliert werden, da sie sich der sinnlichen Wahrnehmung entziehen, da sie, anders gesprochen, die Grenzen desjenigen übersteigen, was der Mensch mit Hilfe seines Verstandes erkennen kann bzw. worüber Aussagen mit dem Anspruch auf Wahrheit formuliert werden können. So gesehen kann es kein »Wissen« über Engel geben, kann man nur an sie glauben. Der Glaube an Engel aber existiert, Engel sind Bestandteil des Glaubenssystems bzw. der Tradition. Und diese religiöse Tradition, die neben Vorstellungen über Engel noch vieles anderes mehr »enthält«, kann nun – auf einer anderen Ebene – als Wissensbestand begriffen werden.

Welches Wissen der Lehrer nun abruft bzw. welcher Status diesem Wissen im Unterricht verliehen wird, also ob es als »wirkliches Wissen« oder als »Glaubens-« bzw. »Traditionswissen«, mit dem ein Bewusstsein von seiner Relativität verbunden ist, begriffen wird, ist (noch) offen. Zumindest lässt sich sagen, dass die Differenz zwischen verschiedenen Arten des Wissens vom Lehrer nicht markiert wird.

Bleibt es bei dieser unterlassenen Differenzierung, so könnte das auf unterschiedliche Weise interpretiert werden: Denkbar wäre es, dass die These vertreten wird, dies sei typisch für Religionen überhaupt. Eine jede Religion tilge die Differenz zwischen Glauben und Wissen, ja, für Religionen sei konstitutiv, dass dasjenige, was eigentlich nur geglaubt werden kann, als »Wissen« ausgegeben wird. Doch ist zu beachten, dass die Religionen das Verhältnis von Glauben und Wissen immanent jeweils anders bestimmen, dass es z. B. im Christentum die Denkfigur gibt, den »wahren« Glauben kennzeichne, dass er gerade im Wissen darum, dass es keine Gewissheit geben kann, gefasst wird.[39] Im Islam hingegen werden Glauben und Wissen tendenziell in eins gesetzt, ist der Glaube ein Wissen, das jeder haben kann, zu dessen Einsicht ein jeder gelangen kann, wenn er nur seinen Verstand bemüht.[40]

Vor dem Hintergrund dieser Ausführungen lässt sich die Vermutung formulieren, dass sich in dem vorliegenden Unterricht – wenn es denn dabei bleibt, dass nicht zwischen Glauben und Wissen differenziert wird – die religionsimmanente Verhältnisbestimmung von Glauben und Wissen reproduziert. Doch ist auch noch eine andere Erklärung möglich, eine solche, die auf die Mechanismen des schulischen Unterrichts verweist, auf die Konsequenzen, die in vielen Fällen die Behandlung eines Themas im Rahmen von Unterricht, welche die Didaktisierung eines Themas nicht selten hat[41]: Die Engel erleiden das Schicksal wie viele anderen Themen auch. Die Vorstellungen über sie werden dergestalt den Schülern vermittelt, dass sie schließlich ein Wissen besitzen, das funktional für das schulische Arbeiten ist, das gelernt, reproduziert und getestet werden kann.

Auf die Frage des Lehrers hin melden sich etliche Schüler. Einer von ihnen erhält vom Lehrer das Rederecht:

33 Sm2: Ähm, wir hatten, ähm,

Schon daran, wie Sm2 beginnt, ist erkennbar, wie sehr er bemüht ist, adäquat auf die Frage des Lehrers zu reagieren: Er hebt nicht dazu an, seine subjektiven Vorstellungen in Bezug auf Engel darzulegen, sondern eben über etwas zu sprechen, was sie als Klasse, als »Gemeinschaft der Lernenden« bereits thematisiert hatten.

39 Zum Beispiel bei Kierkegaard, der metaphorisch von einem »Sprung« in den Glauben spricht. Diese Denkfigur geht letztlich auf die Bibel zurück, insofern in dieser bereits von einem »unbedingten« Glauben gesprochen wird.

40 Siehe: der Verf., Autonomie, Gehorsam und Bewährung im Koran. Ein soziologischer Beitrag zum Religionsvergleich, Hildesheim Zürich New York 1999.

41 Siehe hierzu u. a.: Gruschka, Andreas, Auf dem Weg zu einer Theorie des Unterrichtens. Die widersprüchliche Einheit von Erziehung, Didaktik und Bildung in der allgemeinbildenden Schule, Frankfurt am Main 2005.

»Wir hatten darüber gesprochen, dass ...« oder »Wir hatten festgestellt, dass ...« – so oder ähnlich könnte die Antwort von Sm2 fortgeführt werden. Das heißt, Sm2 will entweder seine Erinnerung daran mitteilen, worüber im Unterricht im letzten Jahr gesprochen wurde, oder er will jene Ergebnisse aufzählen, zu denen sie im Rahmen des Unterrichts im letzten Jahr gekommen sind. Doch bricht er seinen Satz ab, scheint einen Moment überlegen zu müssen.

33 z.B., äh, die Geschichte von,
34 äh, Mohammed in der Hira,

Sm2 greift dasjenige auf, wovon der Lehrer soeben bereits gesprochen hat, den Beginn des Offenbarungsprozesses, von dem es heißt, er habe in der Höhle Hira stattgefunden. Es ist also fraglich, ob er sich auch an etwas erinnert, das über das bereits Erwähnte hinaus geht.

34 da war auch djibrail auch
35 da, der Engel,

Auch das wurde bereits vom Lehrer gesagt – und der Eindruck entsteht, dass Sm2 sich nicht gemeldet hat, weil er eine bestimmte Erinnerung an dasjenige, was im letzten Jahr über Engel gesagt wurde, mitteilen möchte, sondern sein primäres Anliegen darin besteht, sich überhaupt an der Unterrichtskommunikation zu beteiligen. Doch steht er unter dem Druck, auch etwas Neues, Weiterführendes zum Unterricht beizutragen – nicht zuletzt deswegen, weil er das Rederecht erhalten hat, um das sich auch viele andere Schüler beworben haben.

35 und das ist, ähm, das ist net,
36 das war

Es bestätigt sich die Vermutung, dass Sm2 sich mit der Erwartung konfrontiert sieht, auch etwas Neues, noch nicht Gesagtes mitzuteilen und sich bemüht, dieser Erwartung zu entsprechen.

Nicht nur der Erwartungsdruck, sondern auch die Schwierigkeit eine richtige Formulierung zu finden, äußert sich in dem, was Sm2 mitteilt. Denn wie spricht man über Engel? Auffällig ist zunächst, dass Sm2 nicht »der«, sondern das Relativpronomen »das« verwendet. Warum macht der das? Warum verwendet er nicht »der«, wenn er doch offensichtlich etwas über den Engel Gabriel aussagen möchte? Die Verwendung von »das« kann so gedeutet werden, dass Sm2 nun etwas mitteilen möchte, das nicht auf den Engel Gabriel zutrifft, sondern auf alle Engel. »Das« ist entweder dasjenige, was Mohammed in der Höhle Hira erscheint, Gabriel in seiner phänomenalen Präsenz. Oder »das« steht für dasjenige, was es bedeutet, ein Engel zu sein, für den ontologischen Status, das »Wesen« von Engeln.

Interessant ist, dass Sm2 mehrfach ansetzt zu beschreiben, was Mohammed erschien bzw. was es bedeutet, ein Engel zu sein. Zunächst hebt er dazu an, es positiv zu bestimmen, wechselt dann jedoch in die Negation, in die Bestimmung dessen, was Engel nicht sind bzw. was Mohammed nicht erschienen ist.

> 36 dass wir nicht weißen, wie die sie aussah,
> 37 nur ein helles Licht.

Auffällig ist die Unsicherheit in der Formulierung: Findet Sm2 nicht spontan die richtige Form? Sagt es etwas aus, dass er statt von »wissen« von »weißen« spricht (etwa dass ein Kompromiss vorliegt, er womöglich sagen wollte, dass wir uns Engel häufig weiß vorstellen, wir aber eigentlich gar nichts über sie wissen können)? Und warum spricht er von »die sie«?

Die Aussage, zu der Sm2 am Ende gelangt, ist – das lässt sich jedenfalls festhalten – nicht die Formulierung eines Wissens, sondern die eines Nichtwissens: Wie der Engel aussah, wissen wir nicht. Überliefert ist nur, dass Mohammed, als der Engel ihm erschien, weißes Licht sah.

Die Aussage lässt letztlich mehrere Lesarten zu: Auf der einen Seite bezieht sie sich auf das Ereignis, von dem als einem vergangenen berichtet wird, der Erscheinung Gabriels in der Höhle Hira (»war«). Auf der anderen Seite löst sich seine Rede mit dem »das« von dem Engel Gabriel ab, benennt dasjenige, was Gabriel für Mohammed war bzw. was Engel grundsätzlich sind, eben »ein helles Licht«.[42]

Wie könnte nun der Lehrer auf die Antwort von Sm2 reagieren? Zu erwarten ist, dass er die Antwort von Sm2 goutiert, sie zustimmend (evt. auch lobend) zur Kenntnis nimmt und fragt, ob er oder andere Schüler sich an noch mehr erinnern können.

42 Möglich ist auch die Lesart, dass Sm2 davon ausgeht, der Engel Gabriel könne den Menschen auf verschiedene Weise erscheinen. Wenn er sagt, dass Gabriel damals »ein helles Licht« war, ist vorstellbar, dass er zu anderen Zeiten den Menschen auch als etwas Anderes erscheinen kann.

> 38 Lm: Ja! Ja, er hat Recht, wir haben also eine Geschichte
> 39 gehört mit Mohammed, sallallahu aleihe wa sallam, in
> 40 der Höhle, als der Engel djibrail, allaihe wa sallam,
> 41 zu ihm kam. (.) Aber wir wissen einige Sachen über
> 42 die Engel! (..) Eine kleine Hilfe, guckt euch mal
> 43 dieses Bild an!

Verschiedene Dinge fallen hier auf: Überraschend ist zunächst, dass der Lehrer nicht Sm2 unmittelbar adressiert (»du hast Recht«), sondern über ihn (»er«) mit der Klasse spricht. Weniger überraschend sind die Einschübe in Arabisch: Der Lehrer bleibt seiner Linie treu. Im Nachhinein fällt allerdings auf, dass Sm2 dies unterlassen hat. Der Lehrer kritisiert dies nun nicht direkt, allenfalls indirekt indem er Sm2 deutlich macht, wie er über Mohammed und über den Engel Gabriel eigentlich sprechen sollte. Geradezu irritierend ist, dass der Lehrer auf der einen Seite Sm2 Recht gibt und noch einmal wiederholt, worauf sich dieser mit seinem Beitrag bezog, auf der anderen Seite aber dessen Bemerkung, man wisse nicht, wie der Engel Gabriel bzw. wie Engel überhaupt aussehen, wahrgenommen habe Mohammed »nur ein helles Licht«, schlicht übergeht. Wenn er sagt »Aber wir wissen einige Sachen über Engel!« so ist dies der Bemerkung von Sm2 unmittelbar entgegengesetzt, ihr deutlich widersprechend.

Fraglich ist nun, wer mit »wir« gemeint ist: Spricht der Lehrer über die gegenwärtig Anwesenden, über die Klasse und ihn? Das würde bedeuten, dass tatsächlich bereits ausführlich über Engel im Unterricht gesprochen wurde und das damals erworbene Wissen jetzt umfassend reaktiviert werden soll. Oder der Lehrer geht von unterschiedlichen Formen des Wissens aus: Obwohl die Schüler sich seiner Meinung nach an nichts erinnern können (und auch kein weiteres Wissen über Engel bereits im Unterricht erarbeitet wurde), wissen sie dennoch etwas über Engel, haben sie ein latentes Wissen von ihnen, das es nur zu »heben« gilt. Denkbar ist aber auch, dass der Lehrer sich mit »wir« auf andere bezieht, nämlich auf die Gemeinschaft derer, die sich einer bestimmten Tradition verpflichtet fühlen, auf die Gemeinschaft der Gläubigen, die *umma*. »Wir wissen einige Sachen« bedeutet dann soviel wie: »Die Tradition, in der wir stehen, enthält ein bestimmtes Wissen über Engel.« Und dieses gilt es nun zu vermitteln.

Wie die Rede von einem »Wissen« über Engel zu interpretieren ist, wurde bereits dargelegt: Die Differenz von »Glauben« und »Wissen«

wird nicht markiert, was zur Folge hat, dass die tradierten Aussagen über Engel auf eine Ebene gestellt werden mit anderem schulischem »Stoff«, den die Schüler zur Kenntnis zu nehmen und zu lernen haben.

Nicht zu übergehen ist schließlich, dass der Lehrer von »Sachen« spricht. Dies verstärkt noch einmal die Interpretation, dass es nicht um »Glauben«, um »Spekulation«, um »Hypothetisches«, sondern um feststehende Dinge, um »Wissen«, ja, man ist geneigt zu sagen, um »Tatsachen« geht. Dasjenige, worüber im Folgenden gesprochen werden soll, ist nichts Unsicheres, nichts, an dem sich zweifeln ließe. Anders gesprochen, es geht um dogmatische Inhalte, die den Schülern als solche vermittelt werden sollen.

Dass der Lehrer den Schülern »eine kleine Hilfe« geben möchte, impliziert schließlich: Die Schüler wären – fast – dazu in der Lage, selbst darauf zu kommen, was »wir« über Engel wissen. Nur ein kleines Bisschen muss ihnen durch den Lehrer auf die Sprünge geholfen werden. Und das heißt, dass hier ein Widerspruch zugrunde liegt: Auf der einen Seite ist nicht zu verkennen, dass es um die Vermittlung dogmatischer Aussagen über das Wesen von Engeln geht. Auf der anderen Seite aber verhält der Lehrer sich so, als ob die Schüler dieses Wissen eigentlich schon besäßen und als könnten sie – fast – eigenständig zu diesem Wissen gelangen, als bräuchten sie nur eine »kleine Hilfe« von seiner Seite aus bzw. als würde es nun durch den Unterricht maieutisch gehoben. Wie lässt sich dieser Widerspruch erklären?

Es wurde bereits darauf verwiesen, dass es im Islam die Vorstellung gibt, dass die Menschen immer schon den Islam kennen und ein Wissen über ihn haben. Die Offenbarung ist nur eine Erinnerung an dieses Wissen. Und der Unterricht hat nun die Aufgabe ähnlich wie die Offenbarung dieses schon vorhandene Wissen noch einmal in Erinnerung zu rufen.

Eine andere Erklärung kann darin gesehen werden, dass in dem vorliegenden Unterricht die didaktische Idee leitend ist, dass in einem schülerorientierten Unterricht Wissen nicht doktrinal vermittelt werden dürfe, sondern die Schüler dergestalt geführt werden sollten, dass sie durch eigene Einsicht zu diesem Wissen gelangen. Das kann aber nur funktionieren, wenn unterstellt wird, dass die Schüler durch den Einsatz ihres Verstandes selbst zur Einsicht in die Dogmen kommen können.

42 guckt euch mal
43 dieses Bild an!

Mittels eines Bildes soll also das Wissen, das »wir« über Engel haben, vermittelt bzw. »gehoben« werden. Was für ein Bild könnte das sein? Dass mit einem Bild im schulischen Unterricht gearbeitet wird, ist grundsätzlich nicht ungewöhnlich. Jedoch ist schwer vorstellbar, dass auf diesem Bild ein oder mehrere Engel abgebildet sind, an dem/denen bestimmte Merkmale abgelesen werden könnten. Denn dies würde in einem eklatanten Widerspruch zu dem islamischen Bilderverbot stehen.[43]

Das Bildmaterial

Bei dem »Bild« handelt es sich keineswegs um eine einheitliche Darstellung, sondern um eine Zusammenstellung von fünf verschiedenen Einzelbildern auf einem Blatt. Dieses Blatt ist im Querformat zu betrachten und mit einer Überschrift versehen, eben mit der schon bekannten Frage »Wie sind Engel?«. Unterhalb von dieser Frage sind in zwei Reihen fünf Bilder angeordnet, in der oberen Reihe zwei, in der unteren drei (siehe S. 60).

Zunächst sei noch einmal auf die Überschrift eingegangen. Es wurde bereits gesagt, dass mit ihr die Frage nach der Existenz von Engeln ausgeklammert wird. Vielmehr beruht sie auf der Prämisse, dass Engel selbstverständlich existieren. Zu ergänzen ist nun, dass diese Frage nicht auf eine Definition zielt. Das wäre dann der Fall, wenn sie lauten würde: »Was sind Engel?« Dann würde es darum gehen, das »Wesen« von Engeln zu bestimmen. Wenn nun aber nach dem »Wie« gefragt wird, so kann dies entweder mit bestimmten abstrakten Eigenschaften beantwortet werden (sie sind »gut«, »schön« o. ä.) oder mit Bezug auf jemanden, für den die Engel auf eine bestimmte Art und Weise sind, also z. B. für die Schüler oder allgemein für die Menschen. (Auf die Frage: »Wie sind Engel für uns?« könnte dann etwa die Antwort gegeben werden: »Sie sind nützlich für uns.«)

Bevor auf die Bilder im Einzelnen eingegangen wird, ist noch zu fragen, wie denn grundsätzlich das Verhältnis zwischen der Frage

43 Zum Bilderverbot im Islam siehe: Naef, Silvia, Bilder und Bilderverbot im Islam. Vom Koran bis zum Karikaturenstreit, Beck 2007.

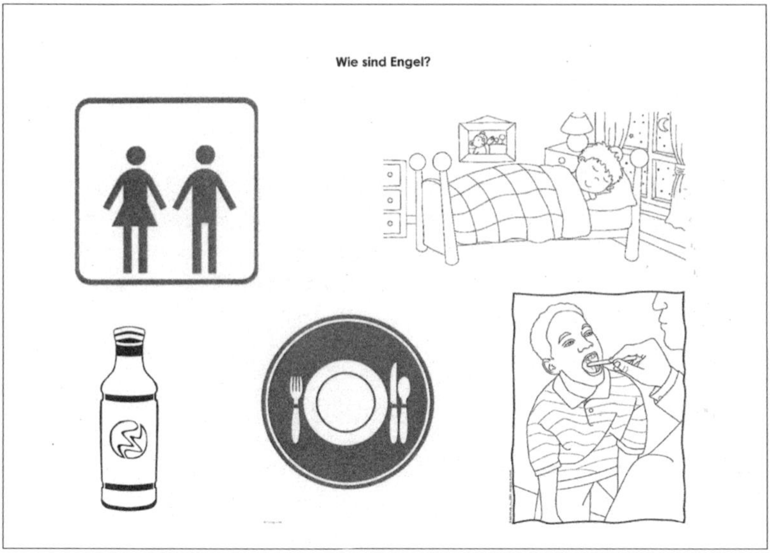

und diesen Bildern zu sehen ist. Denkbar wäre, dass die Bilder nur die Funktion haben, etwas zu veranschaulichen, das relativ unabhängig von ihnen steht. Sie könnten eine mnemotechnische Funktion haben, also dazu dienen, dass die Schüler sich bestimmte Antworten auf die Frage, wie Engel sind, besser merken können. Dazu steht jedoch im Widerspruch, dass »das Bild« bzw. die Bilder laut dem Lehrer eine »kleine Hilfe« sein sollen, durch deren Betrachtung die Schüler zu dem Wissen, das »wir« über Engel haben, kommen können. Die Bilder dienen also – das ist festzuhalten – der induktiven Erschließung von Eigenschaften, welche Engel entweder »an sich« oder »für uns«, für die Menschen haben.

Da ist oben links etwas zu sehen, das an ein Verkehrsschild erinnert: In einem Quadrat mit abgerundeten Ecken sind zwei Figuren zu sehen, die in ihrer Darstellung so sehr aller Besonderheiten beraubt, so schematisch dargestellt sind, dass nur noch erkennbar ist: Es sollen Menschen sein und zwar links eine Frau, rechts ein Mann. Die geschlechtliche Differenz lässt sich an der linken Figur erkennen und zwar an ihrer Kleidung. Durch ihren Umriss wird angedeutet, dass sie einen Rock bzw. ein Kleid trägt. Wie ist nun dieses Bild, dieses Piktogramm zu deuten? Es könnte als ein Verkehrsschild interpretiert werden. Doch zum einen stellt sich dann das Problem, dass es faktisch ein solches nicht gibt. Zum anderen würde sich sofort, wenn das Piktogramm als ein Verkehrsschild angesehen würde, die Frage stellen, wie es denn zu deuten ist. Lautet die Botschaft: »Männer und Frauen dürfen hier nicht weiter gehen!« Oder wird mit ihm umgekehrt gesagt: »In diesem Bereich dürfen sich Männer und Frauen aufhalten, er ist für sie gedacht.« Hilfreich könnte es sein, das Piktogramm mit ähnlichen Darstellungen in anderen Zusammenhängen zu vergleichen, z. B. solchen, die auf Toilettentüren zu finden sind. In diesem zuletzt genannten Fall sind aber freilich nicht beide Figuren gleichzeitig bzw. nebeneinander auf einem Schild zu sehen, sind sie auf zwei Schilder für zwei verschiedene Türen verteilt. Wie dem auch sei: Das erste der fünf Bilder hat zwar den Charakter eines konventionalisierten Zeichens, mit dem verbindlich geregelt wird, wie Männer und Frauen sich verhalten können bzw. zu verhalten haben, die Frage, wie es zu deuten ist, bleibt aber letztlich offen.

Und was hat dieses Bild nun mit Engeln zu tun? Abwegig wäre die Lesart, dass die dargestellten Figuren für Engel stehen, also Engel sein sollen. Sie kann definitiv ausgeschlossen werden. Denkbar ist allenfalls, dass die Schüler ausgehend von dem Bild zu der Aussage über Engel kommen sollen, diese würden in irgendeinem Verhältnis zu den Menschen bzw. zu der Ordnung, die durch das Bild als Schild hergestellt werden soll, stehen. Soll also gesagt werden, dass Engel über diese Ordnung wachen und dafür sorgen, dass sie eingehalten wird?

Bei dem zweiten Bild handelt es sich um eine Zeichnung, die aus einem Bilderbuch für Kinder stammen könnte: Ein Kind – vermutlich ein Junge – liegt in seinem Bett im Kinderzimmer und schläft. Das Bild hat keinen Rahmen, genauso gesagt, es ist erkennbar, dass es sich um einen Ausschnitt aus einem größeren Bild, um einen rechteckigen Ausschnitt handelt. Die Umgebung bzw. der Rahmen scheint weggeschnitten worden zu sein. Die Darstellung der Dinge, die das Bett umgeben – eine Kommode, eine Lampe auf einem Nachtisch, ein mit Vorhängen versehenes Fenster, das den Blick auf den Nachthimmel mit Sichelmond und vielen Sternen freigibt –, endet an einer fiktiven Linie. An dem Lächeln auf dem Gesicht lässt sich erkennen, dass der Junge sich – in einer für ihn eingerichteten Umgebung – sicher und geborgen fühlt. Auch hier stellt sich die Frage, was das Bild mit der Überschrift zu tun hat. Doch lässt sich diese Frage in dem vorliegenden Fall leichter beantworten. Auch hier ist klar, dass nicht Engel dargestellt sind, es also nur um das Verhältnis zwischen Engeln und dem Dargestellten gehen kann. Und dieses Verhältnis könnte folgendes sein: Der Junge kann, so wäre zu vermuten, deswegen so ruhig und zufrieden die Augen schließen, weil er weiß, dass er sich keine Sorgen machen muss, denn er ist nicht alleine. Vielmehr wird er bewacht von Wesen, die zwar niemand sieht, ja, die niemand sehen kann, die aber dennoch da sind und ihn beschützen.

Die zwei folgenden Abbildungen unten links und in der Mitte können im Zusammenhang gesehen werden: Dargestellt ist zum einen eine Flasche, zum anderen eine runde dunkle Fläche, die von oben zu sehen ist und in deren Mitte sich eine helle Fläche befindet: ein leerer Teller, eingerahmt von Besteck (links eine Gabel, rechts ein Messer und ein Löffel). Beide Zeichnungen sind wieder sehr schematisch, sind so reduziert, das klar ist: Es geht um Allgemeines. Dieses Allgemeine sind entweder die Mittel, derer die Menschen sich bedienen, um Nahrung zu sich zu nehmen, oder es ist diese Nahrung selbst. Und der Zusammenhang zu dem übergeordneten Thema könnte etwa lauten: »Die Engel kümmern sich darum, dass wir, die Menschen sich ernähren können.«

Das letzte der fünf Bilder ist ebenfalls eine vereinfachende Zeichnung, eine Skizze, auf der vor allem ein Junge zu sehen ist, der den Kopf nach hinten gebeugt hält und den Mund geöffnet hat, damit ein anderer, ein Erwachsener in diesen hineinschauen kann. Von diesem Erwachsenen ist kaum etwas zu sehen, nur ein Teil seiner Schulter sowie seines Gesichtes und seine Hand, in der er einen Spatel hält, mit dem er die Zunge des Jungen berührt. Zu vermuten ist, dass es sich bei diesem Erwachsenen um einen Arzt handelt, der eine medizinische Untersuchung durchführt (z. B. der Mandeln). Im Zusammenhang mit der übergeordneten Frage könnte das Bild folgendermaßen gedeutet werden: Engel sorgen dafür, dass »wir« nicht krank werden, oder dafür, dass eine Behandlung (z. B. beim Zahnarzt) nicht schmerzhaft wird und gelingt.

Zusammenfassend lässt sich sagen, dass mit den fünf Bildern elementare Aspekte des menschlichen Lebens angesprochen werden, die Differenz der Geschlechter und die Ordnung des menschlichen Zusammenlebens, die Differenz von Aktivität am Tage und Ruhe in der Nacht, die Notwendigkeit sich zu ernähren und die Differenz von krank und gesund.

Wie diese Aspekte allerdings im Zusammenhang zu dem übergeordneten Thema, der Frage nach Eigenschaften der Engel zu sehen sind, das ist nicht unmittelbar erkennbar. Eine Antwort auf die Frage, die im Zentrum des Unterrichts stehen soll und auf dem Blatt als Überschrift zu den verschiedenen Bildern wieder auftaucht, ist mit ihrer Hilfe kaum möglich. Denn zum einen sind eben Engel nicht dargestellt (was wegen des Bilderverbots im Islam gar nicht möglich ist), zum anderen sind aber auch keine Eigenschaften von Engeln dargestellt. Und da nicht ersichtlich ist, wie es möglich sein könnte, von den verschiedenen Bildern auf Eigenschaften von Engeln zu schließen, liegt es nahe, diese als Hinweise darauf zu interpretieren, was Engel machen. Das heißt, die Deutung könnte allenfalls dahin gehen, dass behauptet wird, auf den Bildern seien verschiedene Aspekte dargestellt, um die Engel sich kümmern. Auf diese beziehen Engel sich in ihrem Handeln, einem Handeln, das durch Fürsorge und Protektion gekennzeichnet ist.

Das Unterrichtsgespräch

Wie wird nun im Unterricht über dieses Bild bzw. die fünf Bilder gesprochen? Der Lehrer fragt die Schüler:

> 45 Lm: Was seht ihr hier [auf diesem Bild?]

Unklar ist zunächst, was mit »hier auf diesem Bild« gemeint ist: Zeigt der Lehrer den Schülern einfach das ganze Blatt, so dass diese selbst entscheiden müssen, wie die Frage zu verstehen ist und worauf sie sich mit ihrer Antwort beziehen: auf das ganze Bild (indem sie auf einer abstrakten Ebene zu bestimmen versuchen, was das Gemeinsame der verschiedenen Bilder ist) oder auf nur eines der fünf Bilder. Oder unterstützt der Lehrer seine Frage durch eine deiktische Geste, wird also die Aufmerksamkeit der Schüler dergestalt gesteuert, dass für sie klar ist, dass sie sich nur zu einem der fünf Bilder äußern sollen? Zudem ist festzuhalten, dass der Lehrer die Überschrift außer acht lässt: Die Schüler werden nicht dazu aufgefordert, eine Antwort auf die Frage, wie Engel sind, zu geben, sondern sollen schlicht sagen, was sie sehen. Und das lässt vermuten, dass der Lehrer gestuft vorgehen möchte: Er setzt darauf, dass sich ausgehend von einer einfachen Beschreibung dessen, was zu sehen ist, sukzessive eine Antwort auf die Ausgangsfrage nach den Engeln entwickeln lässt.

46 Sm2: [Der Mann ist nackig.] {ruft rein}

Ohne dazu aufgefordert worden zu sein, äußert sich Sm2 zu dem ersten Bild oben links (womöglich weil der Lehrer auf dieses gezeigt hat). Er greift eine der abgebildeten Figuren heraus und behauptet zum einen, dass es sich bei dieser um einen Mann handle, und zum anderen, dass sie »nackig« sei, also keine Kleider trage. Wie er auf die erste Behauptung gekommen ist, lässt sich leicht vermuten: Er hat aufgrund dessen, dass bei einer der beiden Figuren ein Rock bzw. ein Kleid angedeutet wird, geschlossen, dass diese eine Frau darstellen soll. Und aufgrund dessen, dass dieses Erkennungsmerkmal bei der anderen, der zweiten Figur fehlt, hat er sich gedacht, dass es sich bei dieser wohl um einen Mann handeln soll. Warum aber behauptet er, der Mann sei »nackig«? Will der Schüler mit seiner Behauptung provozieren? Wenn ja: Wogegen richtet sich seine Provokation? Richtet sich der Schüler mit ihr gegen den Lehrer bzw. gegen den Unterricht und die Didaktik, welche in diesem verfolgt wird? Reagiert er also auf das Problem, dass unklar ist, wie von einer Beschreibung des (ersten) Bildes zu einer Bestimmung dessen, wie Engel sind, gelangt werden kann? Oder kommt in seiner Behauptung ein kulturspezifisches Verhältnis zur Kleidung zum Ausdruck, demzufolge Kleidung nicht als etwas begriffen wird, mit dessen Hilfe sich ein Subjekt als ein besonderes präsentiert, sondern als etwas, das primär die Funktion hat Nacktheit zu verhüllen? Oder macht der Schüler mit ihr einfach nur deutlich, dass er lieber über Nacktheit sprechen möchte als über andere Fragen?

47 Sm3: Der, der Mann (.) der Mann ist ohne Körper,

Es hat den Anschein, als bemühe sich Sm3 weniger spontan und unmittelbar auf die Frage des Lehrers zu reagieren als Sm2 und ernsthafter sowie überlegter zu kooperieren. Auch er, auch Sm3 bezieht sich auf das erste Bild, genauer gesagt, auf die rechte Figur auf diesem Bild und identifiziert sie ebenfalls als einen Mann. Nur behauptet er von diesem nicht, dass er »nackig« sei, sondern dass er keinen Körper besitze. Auch das ist überraschend und erklärungsbedürftig. Ist sein Beitrag womöglich als eine Korrektur der Antwort von Sm2 zu interpretieren? Will er mit ihm Sm2 widersprechen: Der Mann ist nicht »nackig«, ja, kann gar nicht »nackig« sein, da er keinen Körper hat?

47 ohne
48 Augen, ohne Nase,

Jetzt wird deutlich: Sm3 meint, dass die einzelnen Körperteile nicht zu sehen sind – und wenn diese nicht vorhanden bzw. nicht wahrnehmbar sind, dann hat der Mann in den Augen von Sm3 auch keinen Körper, keinen individuellen Körper mit besonderen Konturen. Implizit reagiert Sm3 damit durchaus auch auf die Behauptung von Sm2: Das Skandalon der Nacktheit verflüchtigt sich so – wenn der Mann keine Körperteile besitzt, ist es auch kein Problem, wenn er keine Kleidung trägt. Doch im Vordergrund scheint für Sm3 die Schematisierung zu stehen – sie bedingt, dass die Figur als körperlos und damit auch als bar jeder Individualität erscheint.

48 und, äh, hier hat er sich
49 verkleidet wie eine Frau, der eine Mann.

Der Schüler weist mit »hier« auf die zweite Figur hin. Und – obwohl er um Ernsthaftigkeit bemüht ist und ihm jede Provokation fern zu liegen scheint – ist auch diese Äußerung überraschend: Letztlich sei zweimal derselbe Mann, der »eine Mann« dargestellt. Die zweite, die linke Figur stelle auch den »einen Mann« dar, der sich aber hier als Frau verkleidet habe. Wie ist das nun wieder zu interpretieren? Hier sind verschiedene Hypothesen denkbar, doch entscheidend ist: In eine absolut simple Darstellung wird offensichtlich etwas »hinein interpretiert«. Und dass dies geschieht, kann darauf zurückgeführt werden, dass auf der einen Seite auch Sm2 bemüht ist, auf die Frage des Lehrers einzugehen. Auch er möchte kooperieren und den Unterricht voranbringen. Und auch er will dies auf differenzierte Weise tun, ist um Präzision bemüht. Auf der anderen Seite ist aber das didaktische Arrangement unklar, d.h. für Sm2 – und vermutlich auch für andere Schüler – ist offensichtlich nicht erkennbar, was das Bild mit dem Thema bzw. der Fragestellung nach dem Wesen der Engel zu tun hat. Und das heißt wiederum, dass die Schüler keineswegs nur einer kleinen didaktischen Hilfestellung bedürfen um zu dem zu gelangen, was »wir« über Engel »wissen«. Vielmehr lässt sich feststellen, dass sie ziemlich »im Nebel herum stochern«. Und dieses »Herumstochern« ist gleichzeitig ein Versuch, sich das Thema irgendwie anzueignen, ein Versuch, ihm etwas abzugewinnen – etwa indem eine Diskussion über die Frage angestoßen wird, ob die eine der beiden dargestellten Figuren »nackig« oder einfach nur körperlos ist.

Lm: Da hat er sich nicht verkleidet, sondern hier haben wir einen Mann und hier ist eine?

Der Lehrer sieht sich offensichtlich aufgefordert, zu intervenieren, versucht nun etwas klarzustellen: Die linke Figur sei eine Frau und kein verkleideter Mann. Er ist also der Meinung, dass das Geschlecht der beiden Figuren eindeutig zu erkennen sei. Bei seiner Klarstellung reißt er nun die Differenz zwischen dem Zeichen und dem, wofür es steht, dem Bezeichneten deutlich erkennbar ein (was in den Bemerkungen der Schüler auch schon z. T. der Fall war): Faktisch »haben wir« hier nicht einen Mann, sondern eine schematisierte Darstellung, ein Icon, das für alle Männer, ja, für das männliche Wesen überhaupt steht. Und das andere ist auch keine Frau, sondern ebenfalls ein Icon, eben dasjenige, das für alle weiblichen Menschen steht.

Die Frage, die der Lehrer nun den Schülern stellt, ist trivial. Sie zielt nicht mehr auf die Beschreibung des Bildes, sondern nur noch auf die Komplettierung eines von ihm begonnenen Satzes. Wie in einem Lückentext sind die Schüler jetzt dazu aufgefordert, die Leerstelle in dem vom Lehrer formulierten Satz zu füllen. Und das können und sollen sie mit Hilfe der einfachen Unterscheidung von Mann und Frau. Das fehlende Element wird hier einfach vom Lehrer abgerufen, soll von den Schülern in die Lücke des Satzes eingefügt werden.

Sm3: Frau! {ruft rein}

Der Schüler Sm3 antwortet genau so, wie der Lehrer es erwartet hat. (Und er macht dies, ohne abzuwarten, bis er vom Lehrer dazu aufgefordert wurde, eine Antwort zu geben.)

Lm: Genau!

Auf die Antwort des Schülers folgt unmittelbar die Evaluation durch den Lehrer: Sm3 hat »genau« dasjenige gesagt, was der Lehrer erwartet hat.

Wir haben jetzt die Gesichter nicht gezeichnet,

Wer ist hier mit »wir« gemeint? Der Lehrer spricht hier offensichtlich nicht von den anwesenden Personen, von der Klassengemeinschaft. Auch steht das »wir« hier nicht für die Gemeinschaft der Muslime, die *umma*. Vielmehr redet der Lehrer plötzlich von einem Kollektiv, das in gemeinsamer Arbeit das Bild, mit dem momentan im Unterricht gearbeitet wird, erstellt hat. Und in dem Prozess der Arbeit an dem Bild hätten sie, die Mitglieder dieses Kollektivs, alles andere gezeichnet, nur nicht die Gesichter der dargestellten Figuren.

> 55 weil wir das nicht brauchen.

Der Grund dafür, dass die Produzenten des Bildes keine Gesichter gezeichnet haben, liegt darin, dass sie wussten, wofür das Bild gebraucht wird, nämlich für seinen Einsatz im Unterricht, dafür, dass »wir« – womit jetzt die Klassengemeinschaft gemeint ist – die Frage nach dem Wesen der Engel beantworten können.

Der Lehrer reagiert mit seinem Kommentar offensichtlich auf die Bemerkung von Sm3, die Figuren seien »ohne Augen, ohne Nase« dargestellt und zwar indem er darauf eingeht, wie das Bild entstanden und wofür es gedacht ist. Doch bleibt dieser Kommentar letztlich »dunkel«, weil der Nutzen, den der Lehrer hier unterstellt, – zumindest in der gegenwärtigen Situation – für die Schüler nicht klar erkennbar ist. Ob es notwendig ist, dass die Figuren Gesichter haben oder nicht, können diese nicht sagen, da sie wahrscheinlich gar nicht wissen, wie das Bild im Zusammenhang mit dem steht, worauf der Unterricht zielt.

> 54 Aber Allah,
> 55 ti alat Gott, hat uns als (.) Jungen und Mädchen
> 56 erschaffen, als Männer und Frauen.

Mit »aber« formuliert der Lehrer einen Einwand, weist auf etwas hin, das von den Schülern – so die Unterstellung – nicht beachtet wurde. Plausibel wäre dies, wenn der Einwand lauten würde: »Wir haben (...) die Gesichter nicht gezeichnet (...). *Aber* wir haben die Figuren so gezeichnet, dass erkennbar wird: Die eine Figur soll einen Mann und die andere eine Frau darstellen. Und damit haben wird die Absicht verfolgt...« Tatsächlich aber sagt der Lehrer etwas anderes. Seine Äußerung kann also nicht als ein Einwand, sie kann aber auch nicht als ein Hinweis auf etwas verstanden werden, das die Schüler hätten beachten können, bisher aber noch nicht beachtet haben. Denn es war den Schülern gar nicht möglich, von dem Bild zu der Behauptung zu gelangen, dass Gott »uns als Jungen und Mädchen erschaffen [hat, J.T.], als Männer und Frauen«. Die Behauptung, Gott habe die Menschen als Mann und als Frau erschaffen, lässt sich dem Bild nicht entnehmen.

Worauf will der Lehrer hinaus mit seiner recht unvermittelt vorgebrachten Aussage?

56 Aber die Engel
57 sind keine Männer und Engel sind auch keine? (.)

Jetzt ist der Lehrer zu einer Aussage über das Wesen der Engel gelangt: Während die Menschen immer ein Geschlecht haben, entweder Mann oder Frau sind, sind die Engel grundsätzlich geschlechtslos. Diese Aussage ist aber nicht aus den Schülern maieutisch gehoben, ist auch nicht von diesen aus dem Bild, das ihnen der Lehrer zeigte, abgeleitet worden. Die Schüler sind nicht eigenständig bzw. mit Hilfe der didaktischen Unterstützung zu ihr gelangt, sondern der Lehrer hat sie – lose angebunden an das didaktische Material – eingeführt, hat sie als (s)ein Wissen in den Unterricht eingebracht. Anders gesprochen: Die didaktische Inszenierung war darauf angelegt, dass die Schüler eigenständig zu dem Ziel der Einsicht darein kommen, wie Engel sind, ja, der Lehrer hat explizit formuliert, dass dies seine Intention sei. Die Schüler konnten aber gar nicht zu diesem Ziel gelangen. Um jedoch die Illusion aufrecht zu erhalten, sie hätten zu dieser Aussage über das Wesen der Engel gelangen können, stellt der Lehrer es so dar, als sei es ausgehend von dem Bild logisch zu erschließen gewesen. Auch das Zögern, also die Erwartung, dass die Schüler den Satz vollenden bzw. die Lücke im Satz füllen, dient der Aufrechterhaltung der Vorstellung, die Schüler hätten selbst zu dem Ergebnis, das der Lehrer jetzt formuliert, kommen können.

58 Sm1 und Sm2: Frauen

Sm1 und Sm2 bringen gleichzeitig den Satz richtig zu Ende – und spielen auf diese Weise bei der Inszenierung des Lehrers mit.

59 Lm: Frauen
60 Sm3: Und keine Tiere {ruft rein}

Der Lehrer wiederholt zunächst die von Sm1 und Sm2 vorgebrachte Antwort im Sinne eines Lehrerechos – und sanktioniert sie damit. Dann ruft Sm3 erneut etwas rein, diesmal die Bemerkung, Engel seien »keine Tiere«. Wie ist diese zu deuten? Sie verweist erneut auf Sm3s Bemühen, sich zu beteiligen, auf seinen Eifer. Und sie zeigt, dass er die Bemerkung des Lehrers spezifisch interpretiert hat, nämlich als gattungsmäßige Bestimmung: »Engel sind keine Menschen.«

Diese wird von ihm ergänzt durch eine weitere Negation: Sie seien auch »keine Tiere«. Sm3 könnte jetzt entgegnet werden, dass seine Bemerkung zwar richtig ist, aber mit dem Bild nichts zu tun habe, von diesem nicht abgeleitet sei. Möglicherweise würde dieser dann aber fragen, inwiefern denn das Vorherige aus dem Bild abgeleitet ist. Seine Bemerkung kann also als Indiz dafür gedeutet werden, dass aus seiner Sicht das Gespräch sich bereits von dem Bild losgelöst und verselbständigt hat.

61 Lm: Das ist das Erste.

Was der Lehrer eben gesagt hat, ist das erste Ergebnis. Es ist zu erwarten, dass im Folgenden zum nächsten Bild übergegangen und die zweite Eigenschaft von Engeln, das zweite Ergebnis formuliert wird. Es fragt sich, ob dieses dann auch letztlich vom Lehrer eingebracht wird oder ob die Schüler, so wie es intendiert ist, eigenständig zu ihm kommen. Dafür sind nun – nach dem ersten Beispiel – andere Voraussetzungen gegeben. Denn die Schüler haben im Prinzip an dem ersten Beispiel bereits ablesen können, wie der Lehrer zu dem gewünschten, dem »richtigen« Ergebnis, d.h. der ersten Aussage über Engel gekommen ist: Er hat ausgehend von dem Bild eine Eigenschaft, die den Menschen zugeschrieben wird, formuliert. Und diese Aussage, genauer gesagt, das in ihr enthaltene Prädikat wurde sodann negiert und als solches schließlich auf Engel bezogen. Nach diesem Schlussverfahren könnte z.B. aus dem nächsten Bild abgeleitet werden, dass Menschen nachts schlafen, Engel aber Wesen sind, die nachts nicht schlafen, ja, die womöglich auch tagsüber nicht schlafen, die einfach gar keinen Schlaf benötigen und deswegen immer wach sind. Ist das so?

61 Zweitens:

Der Lehrer macht deutlich, dass nun zum zweiten Bild bzw. zur zweiten Eigenschaft von Engeln fortgeschritten werden soll.

62 {Schüler unterhalten sich leise und das Wort »Essen« fällt.}
63 Lm: Sw1

Mit welchem Bild fortgefahren werden soll, hat der Lehrer nicht gesagt. Die Schüler nun scheinen bereits auf das dritte Bild Bezug zu nehmen. Auch das kann als Ausdruck einer gewissen Unsicherheit in Bezug darauf gedeutet werden, dass sie nicht recht wissen, wie sie von den Bildern zu Eigenschaften von Engeln gelangen können: Sie gehen nicht der Reihenfolge nach und greifen dasjenige Bild heraus, das am wenigsten komplex ist – es liegt nahe, dass es bei dem vierten Bild irgendwie um »Essen« gehen muss.

64 Sw1: Die sind kein Essen.

Sw1 geht davon aus, dass es bei dem vierte Bild tatsächlich irgendwie um Essen geht. Von dieser sicheren Basis aus versucht sie nun eine Aussage über »die«, also die Engel zu treffen. Dabei zeigt sich, dass sie den bisherigen Gesprächsverlauf aufmerksam verfolgt und ihre Schlüsse aus diesem gezogen hat: Zum einen ist ihr deutlich geworden, dass sie eine allgemeine Aussage über Engel treffen muss. (»Engel sind …«) Zum anderen hat sie erkannt, dass eine solche allgemeine Aussage über Engel auf dem Weg über die Negation einer zunächst positiv gefassten Aussage zu gewinnen ist. So gelangt sie zu der zwar nicht falschen, aber dennoch unsinnigen Aussage, dass Engel »kein Essen« seien.

65 Lm: Jaaa.(.) Du musst es anders formulieren. (.) Sw2

Zunächst stimmt der Lehrer zu. Tatsächlich ist die Aussage von Sw1 ja auch nicht wirklich falsch. Wenn er aber sodann Sw1 auffordert, ihre Aussage anders zu formulieren, unterstellt er, diese bzw. der ihr zugrunde liegende Gedanke sei letztlich richtig. Es ist allerdings nicht ersichtlich, wie die Schülerin, an ihrem Gedanken festhaltend, aber eine andere Formulierung wählend, zu einer sinnvollen und richtigen Aussage kommen könnte. Das ist womöglich auch der Grund dafür, dass Sw1 nicht auf den Lehrer antwortet und dieser eine andere Schülerin drannimmt.

66 Sw2: Da ist eine Flasche und ein Teller mit Gabel (.)

Sw2 nimmt nun auf zwei Bilder gleichzeitig Bezug, womöglich geht sie davon aus, dass diese zusammen gehören, also Bestandteile ein und desselben Bildes sind. Und sie zählt einfach nur auf, was sie sieht. Das heißt, sie versucht nicht wie Sw1, sich dem Schlussverfahren des Lehrers anzuschmiegen. Und sie geht kein Risiko ein: Dem, was sie sagt, kann nicht widersprochen werden. Von beiden Schülerinnen lässt sich sagen, dass sie kooperieren möchten, aber das Schlussverfahren, welches der Lehrer ihnen am ersten Beispiel exemplarisch vorgemacht hat, nicht durchschauen und adäquat auf das zweite Beispiel übertragen. Genauer gesagt, Sw1 hatte einen Schritt aus diesem Verfahren noch aufgegriffen. Doch als deutlich wurde, dass sie damit nicht zu einem den Lehrer zufrieden stellenden Ergebnis kam, hat Sw2 es erst gar nicht mit diesem Verfahren versucht, sondern sich auf die bloße Beschreibung des Dargestellten beschränkt.

67 Lm: Jaaa

Der Lehrer widerspricht nun auch Sw2 nicht. Durch die Dehnung des »ja« macht er jedoch deutlich, dass er mit der Antwort nicht völlig zufrieden ist, sondern mehr erwartet.

68 Sm3: Messer und Löffel.

Da Sw2 auf so einfache Weise »punkten« konnte, versucht Sm3 es nun ebenfalls. Er nennt einfach etwas, das in der Beschreibung von Sw2 noch fehlt. Auch er weiß offensichtlich nicht, wie er von dem Dargestellten zu einer Aussage über Eigenschaften von Engeln kommen kann.

69 Lm: Genau!

Tatsächlich erhält Sm3 auch für seinen Beitrag ein Lob. Angesichts dessen, dass auf diese Weise jedoch das Gespräch einer Antwort auf die Ausgangsfrage kaum ein Stück näher kommt, stellt sich die Frage, ob der Lehrer nun nicht den Schülern eine Hilfestellung geben müsste, damit diese dorthin gelangen, wo er sie haben will. Ansonsten wird das Gespräch in dieser Weise fortgesetzt (und werden weitere Dinge aufgezählt, die auf dem Blatt zu sehen sind).

69 Und wenn du jetzt an dich denkst?

Der Lehrer versucht jetzt offensichtlich eine Hilfestellung zu geben. Doch was sollen die Schüler auf seine Frage antworten? Sollen sie jetzt über sich selber reden, z. B. beschreiben, was sie gerade machen, dass sie im Unterricht sitzen, Bilder betrachten und sich fragen, worauf der Lehrer hinaus will?

Sw2: Die essen gerne!

Sw2 wagt sich nun auch auf die Ebene allgemeiner Aussagen über Engel. Allerdings rekurriert er dabei nicht auf das Schlussverfahren, welches der Lehrer zuvor praktisch demonstrierte. Vielmehr scheint er der Aufforderung des Lehrers nachgekommen zu sein, an sich selber zu denken: Wahrscheinlich isst er selber gerne.

Lm: Ja! (danach Stille)

Der Lehrer stimmt zu, obwohl die Antwort von Sw2 nicht diejenige sein kann, die er erwartet hat. Denn dass Engel »gerne essen«, ist so nicht richtig. Die Stille kann als Indiz dafür gedeutet werden, dass der Lehrer nachdenken muss – und zwar darüber, wie er die Schüler nun dazu bringt, die erwartete Antwort zu geben.

71 Lm: Ja! (...) Was tust du zu Hause?

Der Lehrer setzt seine Strategie fort, stellt erneut eine Frage, die den Schülern dabei behilflich sein soll, ausgehend von den Bildern zu Aussagen über Engel zu gelangen. Doch auch bei dieser Frage ist nicht klar, was die Schüler auf sie antworten sollen und inwiefern sie tatsächlich zur Lösung der Ausgangsfrage behilflich sein kann. Soll der hier angesprochene Schüler etwa alles das auflisten, was er in seiner Freizeit zu Hause macht?

72 Sw: Essen {ruft rein}

Aufgrund des Kontextes geht die Schülerin offensichtlich davon aus, dass der Lehrer nicht von ihr erwartet, alles aufzuzählen, was sie zu Hause macht. So gelangt sie zu einer Antwort, die zwar »passt« und richtig ist, aber nicht diejenige sein kann, auf die die Bemühungen des Lehrers letztlich zielen.

73 Lm: Was tut jeder Mensch, damit er überleben kann? Sm3!

Der Lehrer bemüht sich weiter, stellt eine weitere Frage und zwar eine solche, die auf der einen Seite nicht mehr so vage formuliert ist wie die vorherigen – die Antwort, welche erwartet wird, liegt jetzt auf der Hand –, doch deren Zusammenhang zu der Ausgangsfrage den Schülern auf der anderen Seite genauso unklar sein dürfte.

74 Sm3: Essen und trinken!

Sm3 gibt die gewünschte Antwort.

75 Lm: Und trinken, essen und trinken.

Indem der Lehrer die Antwort wiederholt, bestätigt er ihre Richtigkeit.

> 76 Engel aber müssen nicht trinken und müssen nicht
> 77 essen.

Wieder sind es nicht die Schüler, sondern ist es der Lehrer, der die gesuchte Antwort gibt. Auch in diesem Fall bestätigt also die Analyse des Unterrichtsgesprächs, dass die Schüler nicht eigenständig von dem Bild zu dem Ergebnis, das der Lehrer erreichen will, kommen. Zu ihm führt dasselbe Schlussverfahren, mit dem der Lehrer wohl auch schon zu dem ersten Ergebnis gelangt ist. Einige Schüler ahnten durchaus, dass sie dieses Verfahren würden anwenden müssen, waren jedoch letztlich nicht dazu in der Lage, es zu imitieren.[44]

> 77 Sie brauchen das nicht!

Die zweite Aussage über Engel wird durch eine kurze Begründung ergänzt: Engel sind nicht darauf angewiesen, sich zu ernähren, sie leben auch so weiter. Letztlich bleibt die zweite Aussage jedoch unkommentiert stehen. Ja, sowohl mit der ersten als auch mit der zweiten Aussage wird nichts weiter gemacht: Beide werden nicht weiter kommentiert, werden nicht in irgendeinen Kontext gestellt und auch nicht begründet oder hinterfragt. Sie bleiben schlicht als Aussagen, als dogmatische Aussagen im Raum stehen.

> 78 Das ist der zweite
> 79 große Unterschied.

Durch diese Bemerkung wird noch einmal klar, wie der Lehrer sich den Unterricht gedacht hat: Die Eigenschaften von Engeln sollen durch die Gegenüberstellung von Mensch und Engel gewonnen werden. Auf dem Blatt ist nicht dargestellt, wie Engel, sondern wie Menschen sind, genauer gesagt, diejenigen Eigenschaften des Menschen sind dargestellt, die im Gegensatz zu denen stehen, die Engel kennzeichnen. So können die Eigenschaften der Engel ex negativo aus denen, die den Menschen zugeschrieben werden, erschlossen werden.

44 Es wurde ja auch nicht explizit gemacht.

Der weitere Verlauf des Gesprächs über die verschiedenen Bilder

Im Folgenden kommen die Schüler auf das zweite Bild zu sprechen.[45] Nachdem erst einmal festgehalten wurde, dass auf dem Bild jemand zu sehen ist, der schläft, sagt ein Schüler:

> 87 Sm3: Die Engel und so können auch net schlafen

Zwei Lesarten sind möglich: Entweder die Antwort ist ernst gemeint. Dann müsste man sagen, dass Sm3 zwar begriffen hat, dass er ein Schlussverfahren anwenden muss, bei dem eine Aussage zu negieren ist, er allerdings die Negation an der falschen Stelle einfügt. Oder es ist gar nicht seine Absicht, eine richtige Antwort zu geben, will er vielmehr provozieren. (Dafür spricht auch das lapidare »und so«. In ihm kommt eine Distanzierung des Schülers von dem Thema der Stunde bzw. der Art, wie es behandelt wird, zum Ausdruck.) Was könnte der Grund für eine Provokation sein? Ein solcher könnte sein, dass der Schüler zwar jetzt durchschaut hat, über welche Schritte er zu der jeweils richtigen Antwort kommt, doch sich weigert, so zu »funktionieren«. Das heißt, dass er implizit protestiert gegen das Vorgehen des Lehrers, der zunächst insinuierte, die Schüler könnten eigenständig von den Bildern auf Eigenschaften von Engeln schließen, und jetzt unausgesprochen von den Schülern verlangt, »über Bande« zu denken, also Eigenschaften des Menschen zu negieren.

> 88 Sw: Müssen nicht schlafen {ruft rein}

Es zeigt sich, dass die Schüler nun tatsächlich dazu in der Lage sind, so zu denken, wie der Lehrer es von ihnen erwartet, obwohl dieser gar nicht explizit gemacht hat, welches Verfahren dazu angewendet werden muss. Zumindest Sw3 ist es offensichtlich gelungen, dieses Verfahren intuitiv zu erkennen und richtig anzuwenden. Deswegen ist es jetzt auch nicht mehr nötig, dass der Lehrer die richtige Aussage »vorsagt«. Er kann sich darauf beschränken, die Richtigkeit des Ergebnisses zu bestätigen.

45 Die Analyse wird jetzt nicht mehr konsequent dem Transkript folgen, sondern nur noch einzelne Sequenzen aus diesem herausgreifen.

91 Sw2: Warum die nicht schlafen, weil die auch (.) äh, dass
92 die Teufel nicht zu dir kommen, die beschützen und so

Nun bietet Sw2 auch eine Erklärung dafür an, dass die Engel nachts nicht schlafen: Sie haben zu tun. Sie wehren die Teufel ab. Welche Vorstellung steht dahinter? Sw2 geht offensichtlich davon aus, dass sich permanent Teufel den Menschen nähern und versuchen, diese von dem richtigen Pfad, dem Weg der Rechtleitung abzubringen. Sprich: Sie versuchen die Menschen dazu zu bewegen, ungehorsam zu werden und gegen Gottes Willen zu handeln. Vor dieser Situation, dass der Mensch entscheiden muss, ob er entweder so handelt, wie es ihm seine Religion vorschreibt, oder gegen deren Vorgaben verstößt, können die Engel den Menschen bewahren. Das heißt, die Menschen werden durch ihre Hilfe davor bewahrt, sich entscheiden zu müssen und womöglich etwas »Falsches« zu tun. Die Frage ist nun, wie die Schülerin sich dies genau vorstellt: Geht sie davon aus, dass dieser Schutz nur nachts, nur wenn die Menschen schlafen, notwendig ist? Brauchen sie ihn tagsüber nicht? Oder sollen sie ihn womöglich tagsüber nicht haben, damit sie sich dann bewähren können? Und was könnten Teufel nachts anrichten? Sollen die Engel verhindern, dass der Schlafende etwas träumt, das er nicht träumen darf? Und auf wen bezieht sich Sw2, auf alle Menschen oder nur auf Kinder? Ist sie vielleicht der Meinung, dass Kinder insofern vor den Teufeln geschützt werden müssen, als sie noch nicht dazu in der Lage sind, sich in freier Entscheidung den Versuchungen des Teufels zu widersetzen?

Es ist jedenfalls so, dass Sw2 – und nicht der Lehrer – das erste Mal die Engel in einen Bezug zu den Menschen setzt, d.h. nicht als für sich stehend nimmt (ontologisch), sondern in ihrem Verhältnis zu den Menschen anspricht. Und damit ist implizit die Möglichkeit enthalten, dass sich die Schüler subjektiv mit dem Thema des Unterrichts auseinandersetzen. Anders gesprochen: Die Möglichkeit einer bildenden Auseinandersetzung mit ihm eröffnet sich hier.

Der Lehrer stimmt zwar im Folgenden der Äußerung von Sw2 sofort zu, kehrt jedoch sodann mit einem »aber« zu seiner Gegenüberstellung von Mensch und Engel zurück. Als Ergebnis der Besprechung des 3. Bildes fasst der Lehrer schließlich zusammen:

> 100 Lm: Aber Engel werden nicht müde und
> 101 sie müssen auch nicht schlafen, die sind immer in
> 102 Bewegung.

Zu dem vierten und letzten Bild heißt es schließlich:

> 105 Sw3: Der Engel muss nicht zum Zahnarzt! {spricht rein}

Auch diese Bemerkung zeigt, dass begriffen wurde, was der Lehrer von den Schülern erwartet. Sw3 deutet das Bild, das fünfte und letzte Bild als eine Szene in einer Zahnarztpraxis. Und während sie wahrscheinlich aus eigener Erfahrung weiß, dass Besuche beim Zahnarzt zwar sehr unangenehm sein können, aber dennoch gelegentlich notwendig sind, vermutet sie, dass »dem Engel« dieses Schicksal erspart bleibt. Erklärungsbedürftig ist, dass sie zwar eine Negation bildet, doch nicht von allen Engeln, sondern nur von einem Engel spricht und zwar von einem bestimmten. Damit kann nur einer gemeint sein: derjenige, der auf dem Bild zu sehen ist. Sw3 ist also der Ansicht, auf dem Bild sei ein Engel dargestellt, der sich beim Zahnarzt befindet, obwohl er dort eigentlich gar nicht sein muss. Ihm ist es so ergangen wie womöglich Sw3 selbst, als von ihr erwartet wurde, sich vom Zahnarzt behandeln zu lassen, obwohl sie subjektiv gar keine Notwendigkeit dafür erkennen konnte. Das heißt, dass sie die Situation des Engels mit der eigenen vergleicht. Sie kennt die Lage, in welcher der Engel sich befindet.

> 106 Lm: Oh jaaa.

Der Lehrer scheint Sw3 zuzustimmen (und übergeht dabei, dass Sw3 nur von einem Engel spricht). Doch liegt in dem langezogenen »oh jaaa« noch mehr. Der Lehrer reagiert, als habe Sw3 gerade davon erzählt, wie sie eine schwere Behandlung über sich ergehen lassen musste, die mit enormen Schmerzen verbunden war, und als wolle er ihr signalisieren, wie sehr er mitfühle – so sehr, dass schon die Erzählung allein für ihn schmerzlich ist.

> 106 Du, du denkst jetzt, das wär ein
> 107 Zahnarzt. Jaaa.

Der Lehrer sagt nicht (distanziert): »Du interpretierst das Bild als eine Szene in einer Zahnarztpraxis« o. ä., sondern teilt seine Vermutung mit, Sw3 sei durch die Wahrnehmung des Bildes an eine Behandlung bei einem Zahnarzt erinnert worden, die für sie sehr schmerzhaft war. Damit missachtet er jedoch, dass Sw3s Beitrag darüber hinaus ging, insofern er eine Antwort auf die im Raum stehende Frage danach war, wie Engel sind.

107 Sm5!

Die Missachtung des Beitrags von Sw3 setzt sich darin fort, dass der Lehrer einfach einen anderen Schüler drannimmt.

108 Sm6: Ähmm, wir müssen, ähmm, wir werden immer krank und
109 die, äh, die Engel werden net krank.

Sm6 hat sich mimetisch an den Lehrer und dessen Didaktik angeschmiegt. Er hat zunächst versucht, eine allgemeine Aussage über den Menschen aus dem Bild abzuleiten, und diese sodann negiert, um zu einer solchen über die Engel zu gelangen. Er beginnt mit »wir müssen«. »Wir müssen zum Arzt gehen« oder »Wir müssen zum Zahnarzt gehen« – so oder ähnlich könnte der Satz lauten, der Sm6 zunächst »auf der Zunge lag«. Diesen führt Sm6 jedoch nicht zu Ende, bricht ihn vielmehr ab – entweder weil Sw3 bereits vom Arzt bzw. Zahnarzt gesprochen hat und der Lehrer darauf letztlich nicht zustimmend reagierte, oder weil ihm eingefallen ist, dass der Arztbesuch nur ein Symptom für etwas anderes ist und es auf die Ursache für diesen ankommt.[46]

An dieser Stelle kann ergänzt werden, dass das Schlussverfahren, welches die Schüler anwenden müssen, um zu dem vom Lehrer erwarteten Ergebnis zu gelangen, letztlich komplizierter ist, als es bisher dargelegt wurde: Aus der schematischen Darstellung von Menschen als Mann und Frau, als geschlechtlich different, sollte geschlossen werden, dass Engel kein Geschlecht haben. Aus der Darstellung eines schlafenden Kindes sollte geschlossen werden, dass Engel nicht schlafen, genauer gesagt, dass sie nicht schlafen müssen. Schon an diesem Beispiel wird deutlich, dass von den Schülern letztlich mehr verlang wird, als nur eine Proposition in eine Negation umzuformen. Erst recht zeigt sich dies an dem vorliegenden Beispiel: Bei der Darstellung einer ärztlichen Untersuchung wäre es abwegig, die Proposition zu bilden »Menschen sind krank«. Erwartet wurde

46 Das Krankwerden wird in der Formulierung von Sm6 tendenziell zu einem Dauerzustand (»immer«). Auch hinter dieser Annahme könnte eine persönliche Erfahrung stehen.

wahrscheinlich die Formulierung: »Menschen können krank werden.« Die Leistung, welche die Schüler erbringen müssen, ist also komplexer als bisher behauptet: Sie müssen nicht nur das bildlich Dargestellte im Hinblick darauf interpretieren, was es über eine Eigenschaft der Menschen aussagen könnte, sie müssen also nicht nur die Bilder als Chiffrierung anthropologischer Bestimmungen interpretieren, sondern sie müssen darüber hinaus auch diese Eigenschaft in der richtigen Modalität formulieren (entweder mit dem Modalverb »sein« oder mit »müssen« oder »können«). Erst dann können Sie auf dem Weg über die Negation zu der richtigen Aussage über Engel kommen. – Und die Zumutung an die Schüler liegt freilich darin, dass von ihnen erwartet wird, dies zu tun, ohne dass es explizit formuliert wurde. Genauer gesagt, die Schüler wissen zwar, was am Ende herauskommen soll, eben die Bestimmung dessen, wie Engel sind. Doch die didaktischen Mittel – die Bilder, die Aufforderung sie zu beschreiben, die verschiedenen Fragen, die der Lehrer in Bezug auf die Bilder stellt – führen keineswegs geradewegs dorthin.

110 Lm: Genau! Sehr schön, du hast Recht!
110 Engel müssen nicht
111 zum Arzt, so was kennen die nicht, warum nicht? Weil
112 sie nämlich nicht krank werden!

Das ist das Ergebnis, wie der Lehrer es haben will. Dass er es komplett ausformuliert, kann als Hinweis darauf interpretiert werden, dass er durchaus gemerkt hat, dass die Formulierung von Sm6 ein wenig »schräg« ist. Dadurch aber, dass er sie nicht explizit verbessert, bleibt die Illusion aufrecht erhalten, die Schüler seien selbst zu dem gewünschten Ergebnis gekommen – und die Didaktik sei adäquat, insofern sie es eben den Schülern ermöglicht, eigenständig dieses Ziel zu erreichen.

Im Folgenden werden zwei weitere Eigenschaften von Engeln von dem Lehrer genannt: dass sie aus Licht erschaffen seien und dass sie Flügel haben. Dass diese nicht wie die anderen Eigenschaften mit Hilfe des Bildmaterials erarbeitet, sondern schlicht erwähnt werden, kann dadurch erklärt werden, dass der Lehrer davon ausgeht, dass sie den Schülern bereits bekannt sind: Der Lehrer hat sie ihnen, so erklärt er, »auch schon gesagt«. Engel haben, so ergänzt er sodann, »zwei, drei oder vier Flügel« und ein Schüler fügt hinzu: »Oder mehrere.« Dann zieht der Lehrer einen Schlussstrich:

124 Lm: Das sind die Sachen, die wir über die
125 Engel wissen.

In dieser Formulierung kommt noch einmal zum Ausdruck, dass es um die Vermittlung von dogmatischem Wissen ging. Über dieses Wissen verfügte die *umma* (»wir«) bereits und dies ist, so wird unterstellt, nun auch eines der Schüler (»wir«). Und an der Formulierung »die Sachen« wird noch einmal deutlich, dass dieses Wissen im Unterrichtsgespräch nicht mit den Vorstellungen der Schüler vermittelt, nicht zum Gegenstand eines Reflexionsprozesses gemacht und nicht von den Schülern subjektiv angeeignet wurde, sondern als feststehendes, abstrakt gegebenes, gegenständliches in den schon gegebenen Wissensbestand der Schüler aufgenommen wurde.

Während in der oben ausführlich analysierten Phase des Unterrichts etwas Neues »erarbeitet« wurde, wird in der folgenden dieses Neue gesichert und gefestigt. Das heißt, es folgt eine Phase des Unterrichts, die dazu dient, dass die Schüler das Gelernte wiederholen und sich merken. Im Prinzip wäre es hier auch möglich gewesen, zu prüfen, ob die Schüler verstanden haben, was in der vorangegangenen Phase besprochen wurde. Doch faktisch wird nur geprüft, ob sie aufmerksam waren und das Gelernte reproduzieren können.

Zunächst wird der Sitzkreis aufgelöst, kehren die Schüler an ihren angestammten Platz in der normalen, der »profanen« Sitzordnung zurück. Dann erhalten sie ein Arbeitsblatt, auf dem sich zwei Aufgaben befinden, ein Lückentext und ein »Suchsel« (siehe S. 80).

Die Wörter, welche die Schüler in den Text einfügen sollen, der sich unter der bekannten Überschrift »Wie sind Engel« befindet, sind unterhalb von diesem abgedruckt. Bei dem »Suchsel« sollen die Schüler in dem Rechteck mit 132 Buchstaben »die 5 Wörter« finden, die eine Antwort auf die Frage »Was tun Engel? Was werden sie nicht?« geben, und schließlich mit jedem dieser fünf Wörter irgendeinen Satz bilden. Wie gesagt lernen die Schüler durch die Bearbeitung dieser Aufgaben nichts inhaltlich Neues. (Allenfalls ließe sich sagen, dass sie en passant durch den Lückentext auf eine weitere Eigenschaft von Engeln hingewiesen werden, nämlich dass Engel »immer das [machen, J. T.], was Allah ihnen sagt.«) Stattdessen wird Bekanntes wiederholt – und es wird die Fähigkeit der Schüler geschult, sinnvolle Sätze zu bilden und Reihen von Buchstaben zu »scannen« also nach bestimmten Buchstabenfolgen zu durchsuchen.

Wie sind die Engel?
Allah (t) hat die Engel aus ________________ erschaffen. Sie haben kein

Geschlecht, das heißt sie sind nicht ______________________ oder

____________________. Die gesamte ____________ der Engel kennt nur

Allah (t). Im ____________ steht, dass es Engel mit 2, 3 oder 4 _______________

gibt. Die Engel machen immer das, was ________________ ihnen sagt.

Setze ein: Allah (t) - Zahl - Licht - Quran - männlich - Flügel - weiblich

Was tun Engel nicht? Was werden sie nicht?

Finde die 5 Wörter im Suchsel und schreibe zu jedem Wort einen Satz.

W	H	E	I	X	A	C	H	E	N	Z	D
V	E	O	Z	I	E	K	R	A	N	K	Z
E	L	S	E	S	S	E	P	A	M	L	R
S	S	X	S	T	C	H	N	K	A	E	Z
S	C	B	S	G	Q	I	X	P	T	I	I
E	H	G	E	Ö	V	B	W	H	T	D	E
N	L	A	N	O	U	F	K	J	P	U	H
G	A	E	S	C	M	Ü	D	E	T	N	E
E	F	I	R	H	O	F	F	N	P	G	N
N	E	J	D	I	T	R	I	N	K	E	N
T	N	Ö	S	T	E	N	S	Z	U	O	E

1. < >

2. < >

3. < >

4. < >

In der anschließenden Phase der Besprechung der Ergebnisse, zu denen die Schüler bei der Bearbeitung des Blattes gekommen sind, zeigt sich, dass der Unterricht insofern erfolgreich war, als die Schüler tatsächlich dasjenige, was sie in der Erarbeitungsphase gelernt haben, jetzt noch einmal aussprechen. Reflektiert wird diese Wissen, wie gesagt, aber auch in dieser Phase nicht. Zur Sprache kommen allein Probleme, die durch das Arbeitsblatt evoziert sind: In dem Suchsel lassen sich mehr Wörter finden, als der Lehrer es erwartet hatte (nicht nur »essen«, »schlafen«, »krank«, »trinken«, »müde«, sondern auch die Wörter »Kleidung«, »ist« und »ziehen«).

Zu den Ergebnissen der Stunde

Vergegenwärtigen wir uns noch einmal, zu welchen Ergebnissen der Unterricht gekommen ist. Ausgehend von der Frage »Wie sind Engel?« und mit Bezug auf eine Reihe von Bildern wurden im Rahmen der Erarbeitungsphase folgende Aussagen über Engel getroffen:
- Engel sind keine Männer und auch keine Frauen.
- Engel müssen weder essen noch trinken.
- Engel brauchen keinen Schlaf.
- Engel werden nicht krank (und müssen deswegen auch nicht zum Arzt).

Aus dem vorangegangenen Unterricht wurden zudem einige Aussagen über Engel wiederholt:
- Engel sind aus Licht erschaffen.
- Engel haben zwei oder auch mehrere Flügel.

Und auf dem Arbeitsblatt konnten die Schüler lesen:
- Die Anzahl der Engel kennt nur Gott.
- Engel gehorchen Gott immer.

Im Hinblick auf diese Ergebnisse kann – noch einmal – festgehalten werden, dass die Existenz von Engeln wie selbstverständlich vorausgesetzt wird. Auf der Basis dieser Prämisse werden Engel sodann charakterisiert wie empirisch gegebene Entitäten. Das führt zu Aussagen über Engel, die insofern als dogmatisch bezeichnet werden können, als Vorstellungen, die sich ein Individuum bzw. eine Gemeinschaft von ihrem Wesen gemacht hat und die sich nicht empirisch überprüfen lassen, als »Wissen« vermittelt werden.

Formal gesehen handelt es sich also um dogmatische Aussagen über Eigenschaften von Engeln. Inhaltlich gesehen sind es Aussagen, die daraus resultieren, dass Engel in Analogie zu Mitgliedern der menschlichen Sozialität gedacht werden. Genauer gesagt, Engel werden Eigenschaften zugeschrieben, die durch die Negation von menschlichen Eigenschaften gewonnen wurden, und zwar solche, die von grundlegender Bedeutung für die conditio humana sind. Auffällig ist dabei zum einen, dass alle Eigenschaften, die Engel in dem analysierten Unterricht zugeschrieben werden, solche sind, die ihnen »für sich« zukommen. Wie Engel »für andere« sind, in welchem Verhältnis sie zu den Menschen stehen, darüber wird überhaupt nichts ausgesagt. Engel werden den Schülern präsentiert als etwas, das objektiv gegeben ist, aber in keiner Beziehung zu ihnen steht, sich in keiner Interaktion mit ihnen befindet.[47] Es hat den Anschein, als seien die Engel so fern von den Schülern, wie Gott fern von den Menschen ist.

Zum anderen fällt auf, dass die religiöse Tradition bei der Bestimmung der Eigenschaften von Engeln kaum eine Rolle spielt. Anders gesprochen: Mit der islamischen Angelologie haben die Ergebnisse des Unterrichts nur sehr bedingt etwas zu tun.[48]

Aus islamwissenschaftlicher Perspektive gesehen lässt sich festhalten, dass in diesem Unterricht eine Essentialisierung stattfindet, und zwar in dem Sinne, dass zum einen Aussagen, die durchaus aus der Tradition stammen, vereinseitigt und verabsolutiert werden.[49] Zum anderen geht die Essentialisierung darauf zurück, dass der Lehrer auch mit Vorstellungen arbeitet, die nicht aus der Tradition stammen, sondern sich dem verdanken, »was man so über Engel denkt«.[50]

47 Eine mögliche Interaktion zwischen den Engeln und den Menschen bzw. den Schülern wird von einer Schülerin zwar angesprochen: Engel können, eben weil sie nicht schlafen, die Menschen, wenn diese sich zur Ruhe begeben haben, vor den Teufeln beschützen. Allerdings wird im folgenden Unterrichtsgespräch nicht weiter darauf eingegangen.

48 Dem entspricht, dass bei der Erarbeitung dieser Bestimmungen nicht auf religiöse Quellen wie den Koran oder die Hadithe zurückgegriffen wird. und auch keine Auszüge aus Schriften islamischer Theologen verwendet werden.

49 So wird z. B. ausgeblendet, dass nicht alle Engel geschlechtslos sind, es vielmehr auch Ausnahmen gibt: die Engel Harut und Marut. (Siehe: Houtsma, M. Th. et al. (Hg.), Enzyklopädie des Islam. Geographisches, ethnographisches und biographisches Wörterbuch der muhammedanischen Völker, Bd. 3, Leiden 1936, Stichwort: »Mala'ika«, S. 209 ff.)

50 Während in der Tradition die Frage nach der Natur der Engel letztlich nicht weiter verfolgt, vielmehr gesagt wird, dass das Wissen in diesem Punkte »allein bei Allah ist«, beantwortet der Lehrer sie z. T. wie jemand, der eben die Tradition nicht kennt. (Siehe: ebd.)

Bestimmung der Fallstruktur der analysierten Stunde als spezifische Konstellation des Pädagogischen

Wie lässt sich der Typus von Unterricht bestimmen, den der vorliegende Fall repräsentiert? Wie in vielen anderen Fällen ist die Lehrperson auch in diesem Unterricht bemüht, die anwesenden Kinder so zu erziehen, dass sie ihre Schülerrolle den Erwartungen entsprechend ausfüllen. Dies zeigt sich vor allem in jener Phase des Unterrichts, in der die Schüler an einem Arbeitsblatt arbeiten sollen. Der Lehrer erwartet hier nicht nur, dass die Schüler seinen Auftrag annehmen und sich gemäß ihrer Rolle verhalten, sondern auch, dass sie das ordentlich machen. Sein Handeln ist in dieser Situation orientiert an den Sekundärtugenden seiner Schüler.

Des Weiteren erzieht der Lehrer seine Schüler auch dadurch, dass er ein Vorbild für sie ist. Vorbild ist freilich ein jeder Lehrer, und zwar vor allem in Bezug darauf, wie er sich zu dem »Stoff« bzw. dem Fach, das er unterrichtet, verhält. Dies trifft selbstverständlich auch auf den Lehrer im vorliegenden Fall zu. Die Verwendung des Friedensgrußes in Arabisch, der Floskel »inschallah« sowie verschiedener eulogischer Formeln macht deutlich, dass der Lehrer sich insofern als ein Vorbild präsentiert, als er sein Fach als jemand vertritt, der sich nicht nur für dieses interessiert und sich fachlich in ihm auskennt, sondern sich auch vollständig mit ihm identifiziert. Was er unterrichtet, die Religion des Islam, ist ihm nicht äußerlich, sondern hat eine existentielle Bedeutung für ihn. Indem er in dieser Weise sich seinen Schülern als ein Vorbild präsentiert, erzieht er sie zu Muslimen, und zwar zu solchen, die zum einen sich an bestimmte rituelle Gepflogenheiten halten und zum anderen eine bestimmte Glaubenshaltung einnehmen, eine Glaubenshaltung, die nicht hinterfragt, sondern bestimmte Dinge bzw. die Belehrung über diese einfach als gegeben hinnimmt.

Und schließlich erzieht der Lehrer seine Schüler auch insofern, als er – unausgesprochen – von ihnen erwartet, im Unterricht dergestalt zu kooperieren, dass sie sich intuitiv jenes Schlussverfahren zu eigen machen, das seinem Denken zugrunde liegt und das sie zu den richtigen Ergebnissen führen soll. Er erzieht sie, so könnte man sagen, zu einer Kooperation im Modus der Mimesis.

Was die Didaktik in diesem Unterricht betrifft, so kann diese als doktrinal bezeichnet werden: Den Schülern werden bestimmte Aussagen über Engel vermittelt. Zwar wird zunächst das Thema »Engel« in den Kontext des bisherigen Unterrichts eingefügt, wird an das Wissen, über das die Schüler bereits verfügen, angeknüpft. Auch wird im Folgenden versucht den Schülern die Möglichkeit zu verschaffen, eigenständig zur Einsicht in verschiedene Eigenschaften von Engeln zu gelangen. Doch zeigte sich im Rahmen der Analyse sowohl der Bilder als auch des Unterrichtsgesprächs über diese, dass die Schüler keineswegs eigenständig zu dieser Einsicht gelangen, ja, gar nicht zu ihr kommen können. Sie sind erst ab dem Zeitpunkt in der Lage, zu den erwarteten Aussagen über Engel zu gelangen, als sie die Logik bzw. das Schlussverfahren, das den Überlegungen des Lehrers zugrunde liegt, durchschauen. Die Bilder erfüllen also nur sehr bedingt jene Funktion, die ihnen in dem didaktischen Konzept des Lehrers zukommt. Sie können darüber hinaus jedoch den Schülern als Gedächtnisstütze dienen und so bei der Lösung des Arbeitsblattes behilflich sein, welches der Lehrer in der zweiten Hälfte der Stunde austeilt. Durch dieses Arbeitsblatt werden schließlich die Aussagen über Engel geringfügig erweitert, vor allem aber wird das gewonnene »Wissen« »gesichert« und gefestigt.

Dieses Fazit lässt sich auch anders formulieren: Letztlich ist die Didaktik des Lehrers in sich widersprüchlich. Auf der einen Seite ist sie darauf ausgerichtet, dass die Schüler eigenständig zu der Einsicht in bestimmte Eigenschaften von Engeln gelangen, auf der anderen Seite ist der Unterricht jedoch doktrinal. Auf der einen Seite beruht die Didaktik des Lehrers auf der Vorstellung von der Autonomie der Schüler, die zu fördern sei, indem Möglichkeiten geschaffen werden, sie zu entfalten. Auf der anderen Seite existiert diese Möglichkeit aber gar nicht. Das ist der Grund dafür, dass einige Schüler – nicht offen, sondern indirekt – protestieren: Ihnen wird suggeriert, sie könnten eigenständig schließen, faktisch müssen sie aber hinnehmen, was der Lehrer ihnen sagt bzw. müssen sie jene Methode übernehmen, mit der dieser zu den richtigen Ergebnissen kommt. Sie protestieren also gegen die Inkonsistenz des didaktischen Arrangements und wollen weder Wissen einfach übernehmen noch einem hidden curriculum folgen, das verlangt, nicht dem Verfahren »auf der Vorderbühne«, sondern dem, das auf der »Hinterbühne« praktiziert wird, zu folgen. Dies gilt jedoch nur für einige wenige Schüler – die meisten Schüler kooperieren bereitwillig mit dem Lehrer.

Das Ergebnis des Unterrichts wird sein, dass die Schüler etwas gelernt haben – nicht nur darüber, wie im Islam Engel gedacht werden, sondern auch über die Art und Weise, wie der Lehrer sich Engel vorstellt.[51]

Durch diese in sich widersprüchliche Didaktik wird eine »wechselseitige Erschließung« von Schüler und Gegenstand letztlich unmöglich gemacht. Möglich wäre diese gewesen, wenn den Schülern die Aussagen über Engel nicht als dogmatisches Wissen präsentiert, sondern ihnen die Möglichkeit eines subjektiven Zugangs eröffnet worden wäre. Einen Ansatz zu einem solchen findet eine der Schülerinnen durchaus – Engel schützen die Menschen, wenn sie schlafen –, doch geht der Unterricht letztlich über diesen hinweg.

51 Diese Vorstellungen resultieren, wie gesagt, aus der Negation einer schlichten Anthropologie, beruhen – anders gesprochen – auf einem Anthropomorphismus mit negativen Vorzeichen. Die Schüler können sich nun Engel wie Menschen vorstellen, nur eben ohne bestimmte elementare menschliche Eigenschaften.

Zur theoretischen Grundlegung des islamischen Religionsunterrichts

Der Entwurf einer islamischen Religionspädagogik in den Schriften von Harry Harun Behr

I

Bevor auf den Entwurf einer islamischen Religionspädagogik in den Schriften von Harry Harun Behr eingegangen wird, soll kurz die Person des Autors vorgestellt und sodann begründet werden, warum ausgerechnet seine Schriften für die vorliegende Studie ausgewählt wurden.

Zur Person von Harry Harun Behr[1]: Behr ist 1962 in Koblenz geboren, ist zunächst daselbst, dann in Braunschweig und Münster zur Schule gegangen und mit 19 Jahren – noch vor seinem Abitur 1982 – zum Islam konvertiert. Worin die Gründe für diese Konversion lagen, lässt sich aufgrund mangelnder Daten leider nicht sagen. Bekannt ist nur, dass die Konversion in Jakarta (Indonesien) stattfand, wo Behr sich einige Jahre lang aufhielt, um dort zur Schule zu gehen.[2]

Nach einem abgebrochenen Studium der Agrarbiologie (bis zum Vordiplom) begann Behr 1986 ein Lehramtsstudium in München, machte 1993 dort sein erstes, 1995 auch sein zweites Staatsexamen und arbeitete im Anschluss daran als Lehrer an verschiedenen Münchener Grundschulen. 2001 wurde er abgeordnet an die Universität Bayreuth, wo er zum einen an seiner Promotion zu verschiedenen Lehrplänen arbeitete und zum anderen – parallel dazu – an mehreren Kommissionen beteiligt war, in denen Lehrpläne für den islamischen Religionsunterricht in Bayern entwickelt wurden.[3] Seit 2006

1 Die Informationen wurden der Homepage von Behr entnommen. Siehe: http://www.izir.de/index.php?option=com_content&view=category&layout=blog&id=11&Itemid=20. (10.01.2012)

2 Daher rührt eine Bindung an Indonesien, welche ihm später immer wieder verschiedene Kooperationen mit dortigen islamischen Akteuren ermöglichte.

3 Es kann, so denke ich, davon ausgegangen werden, dass Behr maßgeblich an der Entwicklung jenes Lehrplans beteiligt war, welcher dem »Erlanger

hat Behr den Lehrstuhl für »Islamische Religionslehre« an der Friedrich-Alexander-Universität in Nürnberg-Erlangen inne.

Für die Auseinandersetzung gerade mit Behr spricht, dass er als Einziger unter all jenen, die momentan einen Lehrstuhl für islamische Religionspädagogik innehaben, die islamische Religionspädagogik auf verschiedenen Ebenen reflektiert hat. Vor allem ist er der Einzige, der auf einer grundsätzlichen Ebene das Verhältnis zwischen der Religion des Islam und Fragen der Pädagogik thematisiert hat und zwar im Rahmen seiner »Islamischen Bildungslehre«.[4] Darüber hinaus hat er sich ausführlich mit der Frage befasst, worin die Inhalte des islamischen Religionsunterrichts bestehen sollen, also der »Stoff« dieses Unterrichts.[5] Und nicht zuletzt hat er sich in zahlreichen Aufsätzen und Vorträgen zu Fragen der Didaktik des islamischen Religionsunterrichts geäußert.[6,7]

Modell« zugrunde lag, das inzwischen auf ganz Bayern ausgeweitet wurde.

4 Behr, Harry Harun, Islamische Bildungslehre, München 1998.

5 Die Dissertation trug zunächst den Arbeitstitel »Analyse und Entwicklung curricularer Leitmotive für islamischen Religionsunterricht in der Grundschule in Bayern«, wurde schließlich aber unter folgendem Titel veröffentlicht: Behr, Harry Harun, Curriculum Islamunterricht. Analyse von Lehrplanentwürfen für islamischen Religionsunterricht in der Grundschule. Ein Beitrag zur Lehrplantheorie des Islamunterrichts im Kontext der praxeologischen Dimension islamisch-theologischen Denkens, Bayreuth 2005. (http://www.izir.uni-erlangen.de/docs/IZIR_H.Behr_Dissertation_Curriculum_Islam.pdf (10. 2. 2012))

6 Seine Veröffentlichungen finden sich in verschiedenen Sammelbänden zum Thema »Islamischer Religionsunterricht« (siehe Literaturverzeichnis) und in der von ihm selbst herausgegebenen »Zeitschrift für die Religionslehre des Islam« (ZRLI).

7 Hinzu kommt, dass Behr momentan der einzige unter den islamischen Religionspädagogen ist, der tatsächlich »von Haus aus« auch Pädagoge ist. Ansonsten sind es Islam–, Rechts- und Sozialwissenschaftler, die das Fach »Islamische Religionspädagogik« an den Universitäten vertreten. (Der in Osnabrück lehrende Bülent Ucar ist Rechts- und Islamwissenschaftler, sein Kollege vor Ort, Rauf Ceylan, Sozial- und Kulturwissenschaftler. Mouhannad Khorchide, der das Fach in Münster vertritt, ist Soziologe und Islamwissenschaftler. Behr hingegen hat ein Lehramtsstudium absolviert und war mehrere Jahre lang Lehrer an verschiedenen Grundschulen in München.)

Im Folgenden soll die islamische Religionspädagogik von Behr dergestalt erörtert werden, dass zunächst vergegenwärtigt wird, wie er sie begründet, d.h. in welches Verhältnis er Religion und Pädagogik zueinander setzt. Sodann werde ich darauf eingehen, wie Behr bestimmte pädagogische Grundbegriffe, d.h. wie er die Begriffe Erziehung, Bildung und Sozialisation verwendet. Um die Konturen dieser Verwendungsweise zu schärfen, werde ich hier bei Bedarf auf die Tradition pädagogischen Denkens rekurrieren. Schließlich soll danach gefragt werden, welche Konsequenzen Behr aus seinen grundlagentheoretischen Überlegungen für die Didaktik des islamischen Religionsunterrichts zieht. Am Ende soll dann noch der Versuch unternommen werden, die Religiosität, welche Behr verkörpert und die seinem religionspädagogischen Denken zugrunde liegt, typologisch zu bestimmen.

II

Interessant ist bereits der Titel, den Behrs grundlegende Schrift trägt. Freilich wurde gewissermaßen »schon immer« im Islam danach gefragt, wie die nachwachsende Generation religiös erzogen werden kann.[8] Ein Buch mit dem Titel »Islamische Erziehungslehre« wäre insofern nichts wesentlich Neues gewesen. Meines Wissens hat es bisher allerdings noch nie eine »Islamische Bildungslehre« gegeben. Wird der Titel des Buches ernst genommen, d.h. als Aussage über die Intention begriffen, welche mit ihm verfolgt wird, so kann er in zweifacher Weise verstanden werden: Entweder kommt in dem Titel die Absicht zum Ausdruck, die islamische Religionspädagogik dergestalt zu begründen, dass von der Religion, also vom Islam ausgegangen und der Versuch unternommen wird zu bestimmen, wie aus dessen Sicht Erziehung und Bildung erfolgen sollte. Oder es wird ein Begriff von Bildung – und die Frage stellt sich dann: welcher? – zugrunde gelegt und es wird ausgehend von diesem versucht die Frage zu klären, wie der Prozess der Auseinandersetzung von Kindern

8 Eine relativ neue Publikation zu diesem Thema ist z.B. folgende: Ahmad, Khurshid, Grundsätze der islamischen Erziehung, München 1997. Siehe auch: Dawoud, Mohamed, Kindererziehung nach islamischen Verständnissen. Erziehungskonzepte im Islam bis zum zehnten Lebensjahr zwischen Theorie und Praxis, München 2010.

und Jugendlichen (und eventuell auch von Erwachsenen) mit dem Islam aussehen müsste bzw. gestaltet werden könnte, damit dieser eine bildende Wirkung entfaltet. Die Frage, welche sich angesichts des Titels stellt, lässt sich auch folgendermaßen formulieren: Was ist für Behr der dominante Bezugspunkt, was ist für ihn das Primäre, der Islam oder ein bestimmter Begriff von Bildung? Anders gesprochen: Begründet Behr die islamische Religionspädagogik theologisch oder argumentiert er primär pädagogisch? Oder löst sich in seinem Denken diese Frage auf, gelingt es ihm also, beides – Religion und Pädagogik – dergestalt miteinander in Bezug zu setzen, dass sich die Frage nach dem Primat letztlich erübrigt?

Es ist hier nicht möglich, die komplexe Argumentation, die Behr in seiner »Islamischen Bildungslehre« entfaltet, in all ihren Verästelungen zu vergegenwärtigen. Ich möchte mich daher auf zwei Aspekte beschränken: 1. auf das »Grundgefüge der Erziehung«[9], das Behr in seiner »Islamischen Bildungslehre« präsentiert, und 2. auf drei »Zieldimensionen«, die seiner Meinung nach für die islamische Religionspädagogik gelten.

1. Von zentraler Bedeutung für die gesamte Argumentation von Behr ist, dass er das pädagogische Geschehen in einen vorgegebenen Rahmen gestellt sieht. Er spricht in seiner »Bildungslehre«, wie gesagt, von einem »Grundgefüge der Erziehung«, einer dreistelligen Relation, die zwischen Gott, einem erwachsenen Menschen, der erzieht, und dem Kind, das erzogen wird, bestehe[10] (siehe rechts).

Eigentlich ist es immer Gott, so Behr, der die Menschen erzieht.[11] Doch wie der Mensch dem Koran zufolge grundsätzlich der Statthalter Gottes auf Erden sei (er wird, so sagt es der Koran, als Gottes Kalif eingesetzt), so sei er es auch bezogen auf die Aufgabe der Erziehung. Der Erwachsene habe von Gott den Auftrag zu erziehen erhalten und habe diesen stellvertretend für Gott auszuführen. Die Voraussetzung auf Seiten des Zöglings für eine erfolgreiche Erfüllung des Erziehungsauftrages sei insofern gegeben, als dieser zum einen »sozia-

9 Behr, Harry Harun, Islamische Bildungslehre, München 1998, S. 96.

10 Dieses Schaubild weicht insofern von demjenigen ab, das sich auf Seite 96 der »Islamischen Bildungslehre« findet, als einige zentrale Begriffe aus dem kommentierenden Text herausgenommen und ergänzend eingefügt wurden. (Das ursprüngliche Modell ist fett gedruckt.)

11 Siehe auch: Ebd. S. 93.

Das »Grundgefüge der islamischen Erziehung«

lisationsbedürftig«[12] sei. Zum anderen sei er gemäß der koranischen Anthropologie – wie jeder Mensch – potentiell bzw. der Anlage nach immer schon ein Muslim. Wenn er nun dazu bereit sei, sich erziehen zu lassen, könne dieses Potential in die Realität überführt werden, könne also der Zögling zu einem Muslim erzogen werden. Auf Seiten des Erwachsenen wiederum müsse die Voraussetzung erfüllt sein, dass er »sozialisationsbefähigt«[13] ist. Und das sei er dann, wenn er »Weisheit« besitze. Weisheit erlange ein Mensch dann, wenn er sich selbst erzogen hat, und zwar so, dass er die islamische Lebensweise authentisch verkörpert (in Wort und Tat) und eine »gefestigte muslimische Identität«[14] besitzt. Wenn dann eine positive Beziehung zwischen beiden Seiten, also zwischen dem Erzieher und dem Zögling bestehe und ein »Generationenvertrag«[15] geschlossen werde, könne der Zögling sich den Erzieher als Vorbild nehmen und könne eine »Sozialisation zum Guten«[16] stattfinden.

Wie ist dieses Modell, wie ist dieses »Erziehungsgefüge« zu deuten? Zunächst wird sofort klar, wie die Frage nach dem Bezugspunkt bzw. dem Primat zu beantworten ist: Behr geht konsequent von der Religion aus, sie ist für ihn das Primäre, der oberste Bezugspunkt. Alle pädagogischen Überlegungen werden von ihm aus der Religion abgeleitet, genauer gesagt, sie ergeben sich für ihn aus der Inter-

12 Ebd. S. 96.
13 Ebd. S. 98.
14 Ebd. S. 101.
15 Ebd. S. 99.
16 Ebd. S. 99.

pretation der heiligen Schriften des Islam, also aus der Interpretation des Koran und der Hadithe.

Es ist an dieser Stelle daran zu erinnern, dass Behr kein Theologe ist. Genauer gesagt, weder hat Behr Theologie studiert, noch setzt er sich in seiner »Bildungslehre« (oder in irgendwelchen anderen Schriften) ausführlich mit der Tradition religiösen Denkens im Islam auseinander. Wenn er sich nun auf den Standpunkt der Religion stellt und aus den heiligen Schriften unmittelbar bestimmte pädagogische Überlegungen ableitet, so fließen in diese immer schon bestimmte theologische Prämissen mit ein. Anders gesprochen: Behrs pädagogischen Schlussfolgerungen ist eine bestimmte Deutung des Islam immanent, die nicht explizit gemacht wird, sondern eben implizit bleibt.

Angesichts des Primats der Religion könnte nun kritisiert werden, dass Behr mit seiner Religionspädagogik hinter die Aufklärung zurückfalle – mit der Konsequenz, dass die Pädagogik mit den ihr immanenten Ansprüchen und Problemen nicht anerkannt, sondern in den Dienst der Religion gestellt wird. Auf diese Kritik könnte zum einen mit dem Verweis darauf reagiert werden, dass das Verhältnis von Islam und Aufklärung ein äußerst komplexes und sehr umstrittenes ist. Diese Diskussion soll hier allerdings nicht aufgegriffen werden – das würde an dieser Stelle zu weit führen.[17] Zum anderen ist m. E. davon auszugehen, dass auch nach der Aufklärung sich religiöse Fragen stellen und für die Pädagogik eine Rolle spielen. Auch nach der Aufklärung stellt sich die Frage nach dem Sinn des Lebens, und auch heute kann sie u. a. mit Bezug auf eine der bekannten Religionen beantwortet werden. Und sich mit religiösen Fragen zu befassen und sie zu beantworten zu versuchen gehört auch heute m. E. zum Bildungsprozess eines jeden Individuums. Das ist der Grund dafür, dass das Thema »Religion« auch in einer modernen Pädagogik eine große Rolle spielt bzw. spielen sollte.[18] Wenn dem so ist, dann darf eine Religionspädagogik, die religiös fundiert wird, nicht vorschnell, also nicht ohne genauere Prüfung zurückgewiesen werden.

17 Es wird sich später zeigen, inwiefern hier doch ein Problem vorliegt.

18 Siehe zu dieser Frage z. B. Schweitzer, Friedrich, Pädagogik und Religion. Eine Einführung, Stuttgart 2003. Schweitzer verweist u. a. darauf, dass Klafki deswegen die Auseinandersetzung mit religiösen Fragen in sein Konzept der Allgemeinbildung aufgenommen habe.

Das Primat der Religion ist nun, wie sich schon bei einem kurzen Blick auf das »Gefüge« erkennen lässt, für Behrs Verständnis von Bildung und Erziehung äußerst folgenreich. Als Allererstes ist festzuhalten: Erziehung ist zwar Behr zufolge etwas, das letztlich in der Beziehung zwischen einem Erwachsenen und einem Kind bzw. der Erwachsenen- und der nachfolgenden Generation stattfindet, doch steht diese Beziehung nicht isoliert da, wird sie von ihm vielmehr als eingebettet in die Beziehung zwischen Gott und den Menschen gedacht und wird von dieser abgeleitet. Eigentlich sei es im Islam, so erklärt Behr, nicht der Mensch, sondern Gott, der erzieht. Auch wenn ein Mensch pädagogisch tätig ist, sei es dennoch letztlich Gott, der durch ihn hindurch wirkt und erzieht.[19]

Festhalten lässt sich auf jeden Fall: Aus dem Primat der Religion erfolgt unmittelbar ein Primat der Loyalität und der Verpflichtung. Der Erzieher ist Behr zufolge in erster Linie durch Gott beauftragt, ist ihm verpflichtet und nicht anderen Instanzen, z. B. dem Staat, der Gesellschaft oder der Familie. Diese primäre Verpflichtung muss freilich nicht im Widerspruch dazu stehen, dass der Erzieher auch als noch anderen Instanzen gegenüber verpflichtet gedacht wird. Doch scheint es so zu sein, dass diese für Behr allenfalls von nachgeordneter Bedeutung sind – und es stellt sich die Frage, wie Behr zufolge ein Erzieher handeln soll, wenn die Verpflichtung gegenüber Gott in Konflikt mit derjenigen gegenüber anderen Instanzen gerät – dem Staat, der Gesellschaft oder auch dem Kind.

Als nächstes ist auffällig, welche Begriffe Behr verwendet und wie er sie verwendet. Doch bevor dies thematisiert wird, sei angemerkt, dass Behr auch bezüglich dieser Begriffe äußerst eigenwillig argumentiert: So wenig, wie er die Tradition theologischen Denkens explizit berücksichtigt, geht er auf diejenige des pädagogischen Denkens ein, weder auf die europäische noch auf die islamische. Eine Diskussion unterschiedlicher Interpretationen jener von ihm verwendeten Begriffe mit Bezug auf deren Gebrauch bei anderen Autoren wird nicht geführt.

19 Hier ließe sich fragen, warum Gott angesichts seiner Allmacht eines Menschen bedarf, der beauftragt wird zu erziehen und dies stellvertretend für ihn macht. Steht das nicht ihm Widerspruch zu der Annahme von der Allmacht Gottes? Doch das ist eine theologische Frage, die von Behr kaum beachtet wird. Er belässt es letztlich bei der Aussage, dass dies im Islam eben so sei bzw. so gedacht werde.

III

Was die Verwendung zentraler Begriffe betrifft, so fällt zunächst auf, dass der Begriff der Bildung, der doch im Titel des Buches vorkommt, in dem »Gefüge« nicht mehr auftaucht. Hier steht vielmehr der Begriff der Erziehung im Zentrum, ergänzt durch den der Sozialisation. Das ist an sich bereits interessant und aussagekräftig: Wenn davon ausgegangen wird, dass der Begriff der Erziehung immer gekoppelt ist an normative Vorstellungen, an Vorstellungen von »dem Guten«[20], und der Begriff der Sozialisation ein solcher ist, der auf das Verhältnis zwischen Individuum und Gesellschaft abzielt, genauer gesagt, für den Prozess der Entwicklung des Individuums zu einem sozialen Wesen steht, dann ist interessant, dass ausgerechnet derjenige Begriff, der auf das Individuum bezogen ist, der dieses und seine Entwicklung in der Auseinandersetzung mit der Welt fokussiert, also der Begriff der Bildung, jetzt keine Rolle mehr zu spielen scheint.

Die einzelnen Begriffe werden nun von Behr nicht abstrakt definiert, doch lässt sich – zumindest in Ansätzen – aus der Art, wie sie in dem »Gefüge« verwendet werden, einiges in Bezug darauf schleißen, wie Behr sie versteht. Was den Begriff der Erziehung betrifft, so sind es zwei Momente des »Gefüges«, auf die näher einzugehen sich m. E. lohnt: a. zum einen die »gute Beziehung«, b. zum anderen die Wirkung des Erziehers dadurch, dass er als Vorbild agiert.

a. Interessant ist, dass Behr als konstitutiv für die Erziehung eine »gute Beziehung« zwischen Erzieher und Zögling ansieht. Diese Beziehung wird allerdings nicht als eine autonome, sondern im Rahmen des Verhältnisses zwischen Gott und den Menschen gedacht. Dieses zeigt sich zum einen daran, dass auch Behr zufolge die pädagogische Beziehung in sich widersprüchlich ist: Sie sei symmetrisch und asymmetrisch zugleich.[21] Doch wird die Symmetrie nicht durch den

20 Siehe dazu z.B. Oelkers, Jürgen, Einführung in die Theorie der Erziehung, Weinheim und Basel 2001.

21 Siehe hierzu z.B.: Giesecke, Hermann, Die Pädagogische Beziehung. Pädagogische Professionalität und die Emanzipation des Kindes, München 1997, und Helsper, Werner, Antinomien des Lehrerhandelns in modernisierten pädagogischen Kulturen, in: Combe, Arno und Werner Helsper (Hg.), Pädagogische Professionalität. Untersuchungen zum Typus pädagogischen Handelns, Frankfurtam Main 1996, S. 521-569.

gemeinsamen Bezug auf eine außerhalb der pädagogischen Beziehung liegende »Sache« erklärt, sondern im Verweis darauf, dass alle Menschen vor Gott gleich sind. Zum anderen wird die Qualifizierung der Beziehung als »gut« nicht mit Bezug auf eine personale Bindung begründet, von der Erfolg oder Misserfolg der pädagogischen Praxis abhängig sei.[22] Vielmehr sei die Beziehung dann »gut«, wenn der Erzieher seinerseits in einer guten Beziehung zu Gott stehe, er den Erziehungsauftrag annehme, also seine Verantwortung wahrnehme und sich fürsorglich dem Zögling zuwende.[23]

b. Erziehung kann bekanntlich auf sehr unterschiedliche Weise stattfinden.[24] In dem »Gefüge« taucht allerdings nur jene Form von Erziehung auf, die dadurch praktiziert wird, dass der Erzieher dem Zögling als Vorbild erscheint. Und das heißt zum einen: Erziehung, wie sie hier gedacht wird, ist nicht beschränkt auf die Vermittlung eines partikularen Wissens bzw. eines bestimmten Handelns (durch die Verinnerlichung bestimmter Normen), sondern betrifft letztlich die gesamte Lebensführung. Der Erzieher lebt exemplarisch ein Leben, wie es der Islam verlangt. Und die Erziehung findet nicht dergestalt statt, dass der Erzieher durch bestimmte Akte gezielt auf den Zögling einzuwirken versucht, sondern einfach dadurch dass der Zögling den Erzieher beobachtet, sich an ihm orientiert, an ihm lernt und ihn nachahmt. Die Entscheidung, ob er tatsächlich Muslim werden will, liegt so bei ihm allein. Er wird nicht – zumindest nicht unmittelbar – dazu gedrängt, Muslim zu werden.

Der Begriff der Bildung kommt, wie gesagt, in dem »Gefüge« nicht vor. Wenn wir davon ausgehen, dass dieser an den Begriff des Subjekts gebunden ist und Vorstellungen vom Subjekt stets eine bestimmte Anthropologie zugrunde liegt, so ist festzuhalten, dass das Subjekt von Behr nicht als eines gedacht wird, das – wie es etwa bei Herbart

22 Nohl geht so weit, von einem Primat des Personalen gegenüber allen anderen Dimensionen der pädagogischen Praxis zu sprechen. (Siehe: Nohl, Herman, Die Theorie der Bildung, in: Ders., Die pädagogische Bewegung in Deutschland und ihre Theorie, Frankfurt am Main 1988, S. 133-279.)

23 Siehe auch: Behr, Harry Harun, Islamische Bildungslehre, München 1998, S. 87 ff.

24 Siehe z. B.: Flitner, Andreas, Konrad, sprach die Frau Mama ... Über Erziehung und Nicht-Erziehung, Berlin 1982 oder auch: Prange, Klaus und Gabriele Strobel-Eisele, Die Formen des pädagogischen Handelns. Eine Einführung, Stuttgart 2006.

heißt – von Geburt an ein »wildes Ungestüm« besitzt, eine Anlage, aus der sich seine Besonderheit, seine Individualität entfaltet.[25] Die Anlage, die es besitze, ist Behr zufolge – und dies entspricht, wie gesagt, der koranischen Anthropologie – diejenige, Muslim werden zu können. Das Ziel der Entwicklung des Subjekts muss nicht erst gefunden werden, es steht von Anfang an bereits fest. Ob es allerdings erreicht wird, ist offen. Bekanntlich gibt es »keinen Zwang im Islam« (Sure 2, Vers 256), liegt die Entscheidung, ob das Ziel angestrebt wird oder nicht, letztlich bei jedem selbst – und bei den Erwachsenen, dem Erzieher, der dabei behilflich sein könnte, ja, sollte, dass der Einzelne es erreicht. Der Erzieher steht hier nicht wie in der modernen Pädagogik vor dem Problem, wie er erziehen soll, ohne das Ziel zu kennen bzw. ohne es vorwegzunehmen, damit der Zögling es sich schließlich selbst setzen kann.[26] Dem entspricht, dass in Bezug auf den Zögling nicht von Bildung gesprochen wird, sondern davon, dass er »lernt« – er lernt am Modell, was es heißt, ein Muslim zu sein.

Schließlich ist irritierend, dass Behr in dem »Gefüge« von »Sozialisation« spricht. Von dem Erzieher wird gesagt, er müsse »sozialisationsbefähigt« sein. Was das bedeutet, wurde bereits gesagt. Und von dem Zögling heißt es, er sei sowohl »sozialisationsfähig« – Behr begründet das mit dessen »Plastizität« (98) –, als auch »sozialisationsbedürftig«, da er sonst nicht an der »Kulturwelt« teilhaben könne.

Die Verwendung des Sozialisationsbegriffs ist m. E. dahingehend zu deuten, dass die Erziehung, so wie sie mit dem »Gefüge« gedacht wird, letztlich auf die Eingliederung des Heranwachsenden in die Gesellschaft zielt. In Bezug auf den Erzieher impliziert dies, dass er als Repräsentant der Gesellschaft handelt; und in Bezug auf den Zögling, dass er hier nicht als Individuum, sondern als Mitglied der Gesellschaft thematisch ist. Und fraglich bleiben zwei Punkte: zum einen, welche Gesellschaft Behr meint, die *umma* oder die Gesellschaft, in der die Muslime faktisch leben. Zum anderen bleibt noch offen, was es heißt, dass Behr von einer »Sozialisation zum Guten« spricht. Beide Fragen gilt es im Folgenden zu klären.

25 Siehe: Herbart, Allgemeine Pädagogik aus dem Zweck der Erziehung abgeleitet. 1806, in: Nohl, Herman, Die Pädagogik Herbarts, Weinheim/Bergstr. 1962.

26 Siehe zu diesem Problem z. B. die »Allgemeine Pädagogik« von Herbart. In dieser wird das besagte Problem durch das Konzept der Erziehung zur »Vielseitigkeit des Interesses« zu lösen versucht.

IV

In seiner »Bildungslehre« spricht Behr von drei zentralen »Zieldimensionen«, die eine islamische Erziehung habe: a. die Zieldimension »Jenseits«, b. die Zieldimension »Allein Allah« und c. die Zieldimension »Mündigkeit«. Was ist damit gemeint?

a. Zur Zieldimension »Jenseits«: Das Ziel eines jeden Muslims sei es, so Behr, im Jenseits nicht in die Hölle zu gelangen, sondern vielmehr Zutritt zum Paradies zu erhalten. Ob dieses Ziel erreicht wird, das liege letztlich in Gottes Händen, der im Rahmen des Jüngsten Gerichts darüber entscheiden werde. Dennoch sei der Mensch der Entscheidung Gottes nicht einfach ausgeliefert, bestehe doch ein »kausaler Zusammenhang«[27] zwischen dem diesseitigen und dem jenseitigen Leben. Und das bedeute: Jeder Mensch ist letztlich selbst dafür verantwortlich, was mit ihm im Jenseits geschieht. Will er, dass er im Jenseits nicht bestraft, sondern vielmehr mit dem Paradies belohnt wird, dann sollte er so leben, wie der Islam es von ihm erwartet. Er sollte »seine Lebensweise richtig einrichten, damit er im Jenseits Erfolg hat«.[28]

Festhalten lässt sich in Bezug auf die Zieldimension »Jenseits« zweierlei: Zum einen ist unmittelbar erkennbar, dass ihr eine Deutung des Islam zugrunde liegt, die den Gläubigen zum Handeln auffordert, und zwar in einem pragmatischen bzw. utilitaristischen Sinn. Da der Mensch durch sein Handeln im Diesseits gezielt darauf Einfluss nehmen kann, was mit ihm im Jenseits geschieht, wird er dazu angehalten, im Sinne des Islam aktiv zu werden.[29]

27 Behr, Harry Harun, Islamische Bildungslehre, München 1998, S. 43.

28 Ebd. S. 26. Siehe auch den »Merksatz«: »Die Lebensweise in der Zeit vor dem Tod bedingt den Zustand in der Zeit nach dem Tod.« (Ebd. S. 25)

29 Denkbar wäre auch eine andere Auslegung des Islam: Der Gedanke der Allmacht Gottes kann im Islam auch dazu führen, dass alles in Gottes Hände gelegt wird. Wenn davon ausgegangen wird, dass der Mensch eh keinen Einfluss auf Gottes Handeln hat – auch nicht auf jene Entscheidung, die er im Rahmen des jenseitigen Gerichts treffen wird –, dann kann dies in Fatalismus münden. (Siehe hierzu: Schluchter, Wolfgang, Zwischen Welteroberung und Weltanpassung. Der frühe Islam, in: Ders. Religion und Lebensführung, Bd. 2, Studien zu Max Webers Religions- und Herrschaftssoziologie, Frankfurt am Main 1988, S. 261-381.)

Zum anderen hat es Konsequenzen für die Erziehung: Die Aufgabe der Erziehung besteht darin, dem Einzelnen zu ermöglichen, das höchste Ziel, welches er sich setzen kann, eben das Leben im Paradies, zu erreichen. Das heißt, jeder Mensch *kann* seine Anlagen entfalten und Muslim werden. Er *muss* es allerdings nicht. Doch wenn er es *will*, wenn er verstanden hat, dass es in seinem Interesse ist, im Islam zu leben, dann liegt es in der Verantwortung der Gesellschaft bzw. der Erwachsenen, ihm zu zeigen, wie er dem Islam gemäß leben und dadurch sein Ziel erreichen kann.

b. Zur Zieldimension »Allein Allah«: Was Behr als zweite Zieldimension bezeichnet, der Glaube an den einen Gott, der Monotheismus, ist, so könnte man sagen, weniger ein Ziel als vielmehr das Fundament für den Weg, der zum Ziel führen soll. Wichtig ist laut Behr jedenfalls, dass der Glaube an den einen Gott nicht allein als ein intellektuelles Phänomen begriffen, sondern mit einer bestimmten Lebensführung verbunden wird, derjenigen, die Gott dem Menschen im Koran mitgeteilt und die Mohammed vorbildlich praktiziert habe.[30] Und wie der Glaube nicht ohne eine entsprechende Praxis zu denken sei, so solle auch die Praxis nicht ohne eine innere Beteiligung, ohne eine adäquate innere Einstellung stattfinden.

Was lässt sich zu dieser zweiten »Zieldimension« sagen? Wie gesagt, handelt es sich bei dem Glauben an den einen Gott eher um die entscheidende Grundlage, beschreibt Behr hier eher den Weg als das Ziel. In Bezug auf die Frage, wie denn nun eine islamische Erziehung konkret aussehen soll bzw. wie die Lebensführung beschaffen sein soll, zu der zu erziehen ist, äußert sich Behr, indem er folgende Aspekte auflistet: Die islamische Erziehung solle erreichen, dass der Einzelne glaubt (an Gott, an die Offenbarung und an »das Verborgene«[31]), er sich des Jenseits gewiss ist, er betet, Almosen gibt, ja, »gut handelt«[32] und andere in ihrem Glauben und Handeln bestätigt und schließlich dass er standhaft ist.[33]

30 Sein Leben so zu führen sei der Mensch auch aus Dankbarkeit gegenüber Gott verpflichtet, da dieser ihm das Leben geschenkt habe – wie er auch gegenüber seinen Eltern zu Dank verpflichtet sei.

31 Behr, Harry Harun, Islamische Bildungslehre, München 1998, S. 21.

32 Ebd. S. 21.

33 Siehe ebd. S. 20 f.

Eine islamische Lebensführung ist also für Behr – und damit schließt er sich dem Konsens im Islam an – durch die Befolgung der fünf Säulen des Islam gekennzeichnet.

c. Zur Zieldimension »Mündigkeit«: Behr greift – und das ist überraschend – den Begriff der »Mündigkeit«, also einen der zentralen Begriffe der modernen Pädagogik auf. Der Mensch solle, so erklärt er, zu einem mündigen Subjekt, genauer gesagt, zu einem »mündigen Muslim«[34] erzogen werden. Was ist damit gemeint?

Behr definiert den Begriff der Mündigkeit auf eine spezifische Weise, und zwar indem er ihn mit dem Begriff »Festentschlossenheit«[35] in Verbindung bringt, also einer Entschlossenheit im Glauben. Und daraus folgt, dass aus seiner Sicht ein Muslim dann mündig ist, wenn er nicht zweifelt, nicht zaghaft ist oder zögert. Mündigkeit ist für Behr in erster Linie »Entschlossenheit und Kraft«[36], ist »die feste Absicht und Willentlichkeit in den Lebenshandlungen«[37]. Eine »Festentschlossenheit« im Glauben und Handeln stehe, so Behr, weder im Widerspruch zum freien Willen noch in dem zu Vernunft und Urteilskraft. Mit dem freien Willen stehe sie nicht im Widerspruch, da der Mensch ja nicht Muslim werden müsse. Habe er sich – aus freien Stücken – dazu entschieden, Muslim zu werden, so werde von ihm freilich auch Gehorsam verlangt. Doch dieser Gehorsam sei nicht sklavisch, da die Erwartungen, die der Islam an den Menschen habe, ja vernünftig und begründbar seien. Und auch zu Vernunft und Urteilskraft stehe die Festentschlossenheit nicht im Widerspruch, da zum einen, wie gesagt, die Anforderungen des Islam ja begründbar seien und zum anderen diese Entschlossenheit es gerade erst möglich mache, dass der Mensch ein kritisches Bewusstsein entwickelt. Sie befähige den Muslim zu einer kritischen Auseinandersetzung sowohl mit dem jeweiligen sozialen Umfeld als auch mit problematischen Varianten des Islam. Und sie sei darüber hinaus die Grundlage für »die Bereitschaft zu äußerster Anstrengung«[38].

Zur dritten Zieldimension sei Folgendes gesagt: Auch schon vorher deutete sich an, dass Behr nicht die Absicht hat, eine traditionelle Er-

34 Ebd. S. 136.
35 Ebd. S. 118.
36 Ebd. S. 121.
37 Ebd. S. 122.
38 Ebd. S. 136.

ziehungslehre zu formulieren, eine Lehre, die von der Religion ausgeht und unabhängig von den gesellschaftlichen Bedingungen darzulegen versucht, wie ausgehend von dieser Erziehung gedacht und praktiziert werden sollte. Mit der letzten Zieldimension aber wird ganz offensichtlich, dass Behr den Anspruch verfolgt, eine moderne islamische Erziehungslehre zu präsentieren, also eine solche, die vor dem Hintergrund einer modernen Pädagogik formuliert wird und für die Erziehung in modernen Gesellschaften gedacht ist. Das zeigt sich eben daran, dass er jenes Ziel aufgreift, auf das die Erziehung in der Moderne seit der Aufklärung ausgerichtet ist: die Mündigkeit des Menschen. Deutlich dürfte aber bereits geworden sein, dass er dieses sehr eigensinnig interpretiert: Auf der einen Seite basiert auch für ihn die Mündigkeit darauf, dass der Mensch, der Muslim sich seines eigenen Verstandes bedient und sich sein eigenes Urteil bildet. Und dies gilt ohne Einschränkung, d.h. unabhängig davon, worum es geht. Auch die Religion, der Islam kann so kritisch reflektiert werden.

Auf der anderen Seite spricht er aber auch von einer »Festentschlossenheit« im Glauben. Das heißt, er geht davon aus, dass – und das deutete sich auch schon vorher an – eine Anwendung des Verstandes, eine kritische Prüfung des Islam nicht zu Zweifeln an diesem führen kann, sondern nur dazu, dass sich dessen Vernünftigkeit bestätigt. Zweifel am Islam, so könnte man es auch formulieren, werden durch die kritische Reflexion nicht geweckt, sondern im Gegenteil gerade beseitigt. Durch die kritische Reflexion kann sich nur bestätigen, dass der Islam wahr und richtig ist. Und damit spitzt sich die Frage zu, inwiefern im Rahmen der islamischen Erziehung, so wie Behr sie versteht, Bildung stattfinden kann, d.h. eine Auseinandersetzung mit der Religion des Islam, die über dessen Rezeption hinausgeht und eine subjektive Aneignung impliziert.

Die Mündigkeit als »Festentschlossenheit« ist dann für Behr die Voraussetzung für die kritische Auseinandersetzung des Muslims mit dem gesellschaftlichen Umfeld. Sie ermöglicht es, dass der Muslim sich ein kritisches Urteil über dieses bildet, dass er intellektuellen und moralischen Anfechtungen standhält und dass er – nicht zuletzt – mit »äußerster Anstrengung« auch aktiv in die äußere Umwelt einwirkt.[39]

39 Und Mündigkeit stehe auch nicht im Widerspruch zu der mit dem Islam

V

Nachdem Grundzüge der islamischen Religionspädagogik, wie sie von Behr entworfen wurde, vergegenwärtigt und interpretiert wurden, soll im Folgenden der Frage nachgegangen werden, welche Konsequenzen Behr aus diesen grundsätzlichen Überlegungen für den islamischen Religionsunterricht und dessen Didaktik zieht. Dafür möchte ich mich auf den Aufsatz von Behr mit dem Titel »Bildungstheoretisches Nachdenken als Grundlage für eine islamische Religionsdidaktik«[40] stützen. Dieser enthält zum einen eine vorläufige Definition des Bildungsbegriffs (1), zum anderen »sieben Thesen zur theologischen Begründung didaktischer Entscheidungen im Kontext Islam, Erziehung und Unterricht« (2).

1. Auf Behrs Definition des Bildungsbegriffs, die er als eine »Arbeitsformulierung«[41] verstanden wissen will, soll kurz eingegangen werden, um zu überprüfen, ob die Interpretation, die oben mit Bezug auf Behrs »Bildungslehre« entwickelt wurde, zutreffend ist oder korrigiert werden muss. Diese Definition lautet:

> »Der heranwachsende Mensch als aktiv handelndes Subjekt lernt, sich aus seiner Lebenswelt heraus und in seine Lebenswelt hinein als Mensch zu entwerfen. Diese Entwürfe äußern sich maßgeblich in sozialen Rollen. Muslimische Identität kann das Profil derartiger Rollen beeinflussen. Das ist dann sinnvoll, wenn der Islam dem Einzelnen hilft, zwischen unterschiedlichen Rollen beziehungsweise Loyalitätserwartungen zu moderieren. Schafft er das nicht, können religiöse Identitäten bei der Entfaltung der Person und ihrer Integration in die Umwelt Spannungen hervorrufen. Um diesen Spannungen zu begegnen, müssen sowohl für Veränderungen im Rollenentwurf als auch in der Umgebung die nötigen Spielräume geschaffen werden.«[42]

verbundenen Gehorsamserwartung: Gehorsam sei im Islam freilich nötig. Er sei darüber hinaus aber auch möglich und mit der Mündigkeit eines Muslim vereinbar, da sich die Erwartungen, welche der Islam an den Menschen habe, stets begründen ließen. Dies könne und solle in einem Gespräch zwischen dem Erzieher und dem Zögling geschehen, in einer »gegenseitigen Beratung». (ebd., S. 108.)

40 Siehe: Behr, Harry Harun, Bildungstheoretisches Nachdenken als Grundlage für eine islamische Religionsdidaktik, in: Kaddor, Lamya (Hg.), Islamische Erziehungs- und Bildungslehre, Berlin 2008, S. 49-65.

41 Ebd. S. 50.

42 Ebd. S. 51.

Wie im Zusammenhang mit dem »Gefüge der Erziehung« stellt sich auch hier die Frage, inwiefern dasjenige, von dem Behr spricht, mit Bildung zu tun hat. Denn bei diesem geht es in erster Linie um Rollen, um das Verhältnis von Individuum und Gesellschaft, und um die Frage, welche Bedeutung der Islam für dieses Verhältnis haben kann bzw. haben sollte.

Während zu Beginn des Zitats noch aus der Perspektive des Subjekts gesprochen wird, eines Subjektes, das sich »aus seiner Lebenswelt heraus und in seine Lebenswelt hinein« entwirft, wird diese Perspektive mit der Behauptung, Lebensentwürfe würden sich in sozialen Rollen »äußern«, durch eine solche ersetzt, die nach dem Verhältnis von Individuum und Gesellschaft fragt. Darin kann eine Analogie zu der Argumentation in der »Bildungslehre« gesehen werden, die kennzeichnete, dass im Kontext des »Erziehungsgefüges« der Begriff der Bildung nicht mehr auftauchte, stattdessen aber die Begriffe Erziehung und Sozialisation.

Die Interpretation lässt sich noch zuspitzen: Behr geht nicht vom Subjekt, sondern von der Gesellschaft aus. Die Entwicklung des Subjekts sieht er primär unter dem Gesichtspunkt, dass das Individuum sich in die Gesellschaft einfügt, und zwar indem es bestimmte Rollen übernimmt, die durch diese bereits vorgegeben sind.[43] Statt von Bildung spricht er also auch hier von Sozialisation.

Bezogen nun auf das Subjekt als Träger von Rollen spricht Behr der Religion bzw. der muslimischen Identität eine doppelte Funktion zu: Zum einen könne sie »das Profil derartiger Rollen beeinflussen«. Unklar ist, was Behr mit dem »Profil« einer Rolle meint, doch vorstellbar ist, dass die Art und Weise gemeint ist, wie das Individuum die von ihm übernommenen Rollen ausfüllt.[44]

Zum anderen könne, so Behr, der Islam auch helfen, zwischen unterschiedlichen Rollen bzw. Rollenerwartungen zu »moderieren«. Das heißt, wenn das Individuum in einen Konflikt gerät, weil die mit verschiedenen Rollen verknüpften Erwartungen einander widersprechen, kann ein solcher abgemildert oder gelöst werden.[45]

43 Zum Begriff der Rolle siehe: Dahrendorf, Homo Sociologicus, Köln Opladen 1970.

44 Zum Beispiel ist es möglich, dass die Berufsrolle des Arztes besonders gewissenhaft ausgefüllt wird, weil der Rollenträger sich aufgrund seines religiösen Bekenntnisses bestimmten moralischen Prinzipien verpflichtet fühlt.

Sowohl bei der Lösung von Intra- als auch von Interrollenkonflikten kann also laut Behr der Islam behilflich sein. Würde Behr dabei stehen bleiben, hätte der Islam, hätte muslimische Identität aus seiner Sicht allein die Funktion, der Integration des Individuums in die Gesellschaft dienlich zu sein. Sie würde eine Geschmeidigkeit gewährleisten, die es den Muslimen ermöglicht, den Anforderungen der Gesellschaft zu entsprechen. Doch weist Behr darauf hin, dass es auch anders sein könne, dass die Möglichkeit bestehe, dass der Islam nicht diese integrative Funktion erfüllt. Und dann könne es zu »Spannungen« kommen. Genauer gesagt, die muslimische Identität könne bedingen, dass das Individuum in ein spannungsreiches Verhältnis zur Gesellschaft gerät. Das heißt, wenn eine religiöse Identität vorhanden ist – und davon geht Behr wie selbstverständlich aus –, kann diese entweder nützlich sein und der Integration des Individuums in die Gesellschaft dienen. Es kann aber auch sein, dass die religiöse Identität mit dieser Aufgabe überfordert ist, dass es ihr nicht gelingt, diese positive Leistung zu erbringen, und sie stattdessen das Individuum in ein spannungsreiches Verhältnis zur Gesellschaft manövriert. Denkbar wäre, dass Behr an dieser Stelle zwischen verschiedenen Varianten muslimischer Identität unterscheidet: solche, die der Integration förderlich sind, und solche, für die das Gegenteil gilt. Doch hält er an einem allgemeinen, nicht weiter differenzierten Begriff muslimischer Identität fest – so als ob es eben nur eine solche Identität gäbe. Stattdessen erklärt er, dass die Gesellschaft hinreichend flexibel sein müsse, genauer gesagt, sowohl die Rolle bzw. Rollenentwürfe als auch die »Umgebung« müssten genügend »Spielräume« für die Entfaltung einer muslimischen Identität aufweisen.

Auch im Rahmen der »Arbeitsformulierung« geht es also letztlich nicht um Bildung – im Sinne eines offenen Prozesses, in dem sich die Persönlichkeit in der Auseinandersetzung mit Welt entwickelt –, sondern um Sozialisation, genauer gesagt, um die Integration des Individuums, des Muslims in die Gesellschaft. Die religiöse Identität kann dabei im Prinzip äußerst förderlich sein. Dafür ist es aber notwendig, dass ihr genügend »Spielräume« zur Verfügung stehen. Ist das der Fall, kann der Islam eine gewisse Geschmeidigkeit bei der Integration in die Gesellschaft gewährleisten. Letztlich hängt es nach

45 Zum Beispiel wenn die Rolle des Arztes von dem Subjekt etwas anderes verlangt als die des Staatsbürgers.

Behr also von der Gesellschaft ab, ob der Islam diese Funktion erfüllt und ob eine Integration gelingt.

2. Schon der Titel des Aufsatzes lässt erkennen, dass Behr erneut von der Religion ausgeht, diese für ihn das Primäre ist. Von ihr geht er aus, um bestimmte didaktische Prinzipien zu begründen. Welche sind es?

a. Behrs erste These bezieht sich auf die Funktion, die der islamische Religionsunterricht aus seiner Sicht hat. Diese sei, so erklärt er, eine »therapeutische«[46]. Streng genommen würde das voraussetzen, dass alle Schüler, die am islamischen Religionsunterricht teilnehmen, therapiebedürftig sind, dass also Pathologien vorliegen. Diese Annahme steht allerdings in einem eklatanten Widerspruch zu der Anthropologie des Islam, die, wie Behr herausstellt, eine positive ist.[47] Was Behr meint, ist, dass der islamische Religionsunterricht dazu beitragen könne, dass Schüler Krisen bewältigen, entweder existentielle Krisen oder auch solche, die z. B. durch schlechte Noten ausgelöst werden. Denn, so Behrs Begründung, der Islam vermittele eine »reale Perspektive«, er eröffne »Zukunftsoptionen, die sich wirklich erreichen lassen«[48]. Dies kann im Zusammenhang mit der »Zieldimension Jenseits« gesehen werden: Weil der islamische Religionsunterricht den Schülern hilft, ihr Leben auf das letzte Ziel auszurichten, den Erhalt eines Platzes im Paradies, kann er auch dazu beitragen, dass die Schüler »Realsituationen transzendieren«[49] und gegenwärtige Krisen überwinden, indem ihnen »Erfolg« im Jenseits in Aussicht gestellt wird.

b. Als zweite These formuliert Behr das Prinzip der »Ganzheitlichkeit«. Dieses Prinzip ist, so könnte man meinen, klar: Im islamischen Religionsunterricht wird der Schüler als »ganzer Mensch« angesprochen werden (wie dies grundsätzlich im Religionsunterricht geschieht). Daraus lassen sich bestimmte methodische Konsequenzen ableiten, nämlich dass die Schüler am Unterricht »mit Kopf, Hand und Herz« teilnehmen sollten. Doch legt Behr dieses Prinzip deutlich

46 Behr, Harry Harun, Bildungstheoretisches Nachdenken als Grundlage für eine islamische Religionsdidaktik, in: Kaddor, Lamya (Hg.), Islamische Erziehungs- und Bildungslehre, Berlin 2008, S. 52.

47 Der Islam kennt vor allem keine Erbsünde.

48 Ebd. S. 53.

49 Ebd. S. 53.

anders aus: Der islamische Religionsunterricht habe nicht nur Wissen zu vermitteln, sondern auch Normen, und es müsse in ihm auch darum gehen, den Islam zu erfahren, einzuüben und zu »habitualisieren«.[50] Darüber hinaus wendet er dieses Prinzip gegen eine »von partikularen Interessen gesteuerte Inanspruchnahme«[51] des Einzelnen bzw. des islamischen Religionsunterrichts, z.B. von Seiten des Staates. Das heißt, Behr wehrt mit Bezug auf das Prinzip der »Ganzheitlichkeit« politische Erwartungen an den islamischen Religionsunterricht ab, vor allem die Erwartung, er möge dazu betragen, dass die Heranwachsenden die ihnen zugewiesene Rolle als Staatsbürger einnehmen und sie »gut« ausfüllen. Darin liege eine politische »Instrumentalisierung« des islamischen Religionsunterrichts.

c. Gemäß dem dritten Prinzip ist der islamische Religionsunterricht »der pragmatischen Lösung wirklicher Probleme und der Verbesserung der Lebenssituation verpflichtet«[52]. Oben wurde zwar von der »Zieldimension Jenseits« gesprochen. Doch die Jenseitsorientierung steht bei Behr – wie im Islam überhaupt – nicht im Widerspruch zu einer ausgeprägten Diesseitsorientierung. Anders gesprochen: Es geht nicht nur um jenseitigen, sondern auch um diesseitigen »Erfolg«. Realistisch bzw. pragmatisch ist davon auszugehen, dass die Schüler in bestimmten gesellschaftlichen Verhältnissen leben. Davon, dass diese verändert werden sollen, ist bei Behr nicht unmittelbar die Rede. Der islamische Religionsunterricht soll auch nicht bewirken, dass den Schülern das Leben unter den gegebenen Bedingungen erschwert wird, im Gegenteil: Er soll, so Behr, dazu beitragen, dass sie besser mit diesen Bedingungen zurecht kommen, ja, dass sie in ihnen erfolgreich sind. Als notwendig sieht Behr dafür die Anwendung des *igtihad*, die »Meinungsbildung«[53] an. (Der *igtihad* ist eine der Quellen der Urteilsbildung im Islam, die neben dem Analogieschluss und dem Konsens in Bezug auf den Koran und die *sunna* angewendet werden können.)[54]

50 Siehe dazu auch: Behr, Harry Harun, Grundriss *islamisch theologischen Denkens im Kontext der Bundesrepublik Deutschland.* Zeitschrift für die Religionslehre des Islam (ZRLI), Heft 1, Jg.1, Nürnberg 2007, Seiten 2ff.

51 Behr, Harry Harun, Bildungstheoretisches Nachdenken als Grundlage für eine islamische Religionsdidaktik, in: Kaddor, Lamya (Hg.), Islamische Erziehungs- und Bildungslehre, Berlin 2008, S. 54.

52 Ebd. S. 56.

53 Ebd. S. 57.

54 Siehe auch: Behr, Harry Harun, Grundriss islamisch theologischen Den-

d. Die vierte These besagt, dass der islamische Religionsunterricht grundsätzlich der Idee der Humanität verpflichtet sei. Dies stehe, so Behr, im Zusammenhang mit dem Prinzip des Pragmatismus: Der islamische Religionsunterricht diene nicht einem abstrakten Islam, sondern konkreten Menschen, sprich: den Schülern und der Verbesserung ihrer Lebenssituation.[55]

e. Die islamische Religionspädagogik dient, so Behr, auch der Vermittlung von Werten. Er ist der Überzeugung, dass Werte im Prinzip universal sind. Es seien jedoch bestimmte Werte, die im Islam hervorgehoben werden und auf die in der islamischen Religionspädagogik abgehoben werden solle:

- die Achtsamkeit (Wertschätzung des Eigenen und des Fremden),
- die Nachsicht (Vergebung, Verzicht auf Vergeltung),
- Zutrauen (Vertrauen in Gott und in die eigene Person).

f. Das Prinzip der »Vernunftorientierung«[56] ist von besonderer Bedeutung für den islamischen Religionsunterricht. Behr weiß, dass es im Unterricht zu einem Konflikt zwischen Glaube und Vernunft kommen kann. Angesichts dessen stellt er entschieden klar: Die Vernunft geht vor. Dies gelte, so hebt er hervor, nur für den Unterricht. Interessant ist, wie er den Primat der Vernunft begründet: »Die Sache mit dem Vernunftargument ist unterrichtlich regelbar, die mit dem Glauben weniger.«[57] Das heißt, er geht pragmatisch von bestimmten Bedingungen, unter denen Unterricht stattfindet, aus: Bekanntlich gibt es im Unterricht Regeln – jedoch nicht für alles. Bestimmte Dinge lassen sich dort regeln, ja, werden geregelt, z. B. wie mit einem Vernunftargument umgegangen werden kann: Es kann geprüft, begründet, widerlegt und bewertet werden. Ein Glaubensargument allerdings lässt sich nicht in gleicher Weise behandeln. Und was folgt daraus?

kens im Kontext der Bundesrepublik Deutschland. Zeitschrift für die Religionslehre des Islam (ZRLI), Heft 1, Jg.1, Nürnberg 2007, wo Behr fordert, dass die Möglichkeit der Deutung nicht mehr nur Experten, genauer gesagt, muslimischen Gelehrten vorbehalten sein dürfe.

55 Siehe: Behr, Harry Harun, Bildungstheoretisches Nachdenken als Grundlage für eine islamische Religionsdidaktik, in: Kaddor, Lamya (Hg.), Islamische Erziehungs- und Bildungslehre, Berlin 2008, S. 58.

56 Ebd. S. 60.

57 Ebd. S. 60.

Über den Islam soll informiert werden, über ihn kann, so Behr, auch diskutiert werden. Die Frage, ob auch an ihn geglaubt wird, sei letztlich eine, die jeder Schüler für sich entscheiden müsse. Die Bedingungen im Unterricht seien eben nicht so, dass die Glaubensentscheidung zum Gegenstand gemacht werden kann (der diskursiven Erörterung und der Bewertung). »Ob sich einzelne Schüler auf Gott einlassen, ihm den Rücken kehren oder ein Moratorium in Anspruch nehmen, sollte die muslimische Lehrkraft weniger interessieren als die Frage, ob und wie die Schüler ihre jeweilige persönliche Haltung formulieren und begründen.«[58]

Diese Argumentation entspricht der oben bereits herausgearbeiteten Überzeugung, dass es letztlich keinen Konflikt zwischen der Religion und der Vernunft gebe, erstere lasse sich durchaus mit Hilfe letzterer begründen. Auf der praktischen Ebene müsste es zur Folge haben, dass z. B. auch Nichtmuslime am islamischen Religionsunterricht teilnehmen und sie z. B. durchaus eine bessere Note als Muslime erhalten können, wenn sie besser zu argumentieren vermögen.[59]

g. Unter dem Stichwort »Diskursivität« geht Behr auf weitere Prinzipien für den islamischen Religionsunterricht ein:

- Der islamische Religionsunterricht habe, so Behr, »induktiv« vorzugehen. Darunter versteht er, dass von den Schülern, von ihren Kenntnissen, Erfahrungen etc. auszugehen sei.
- »Die Kunde hat Vorrang vor der Verkündigung, die Kenntnis geht dem Bekenntnis voran.«[60] Beides, sowohl die Verkündigung als auch das Bekenntnis will Behr nicht konsequent aus dem Unterricht ausschließen. Doch an erster Stelle stehe die »Kunde«, die Vermittlung von Wissen. Im islamischen Religionsunterricht gelte es, »die Begegnung zwischen Schüler und Sache (dem Islam, J. T.) zu arrangieren.«[61]
- Die jeweilige »Sache« sei diskursiv zu behandeln. Auf der Basis von Kenntnissen und der diskursiven Behandlung des Stoffes könnten die Schüler sich sodann zum Islam »positionieren«.

58 Ebd. S. 61.

59 Siehe auch: der Verf., Rezension zu: Kaddor, Lamya (Hg.), Islamische Erziehungs- und Bildungslehre, Berlin 2008, in: Ästhetik und Kommunikation, Heft 143, 2008, S. 120 ff.

60 Behr, Harry Harun, Bildungstheoretisches Nachdenken als Grundlage für eine islamische Religionsdidaktik, in: Kaddor, Lamya (Hg.), Islamische Erziehungs- und Bildungslehre, Berlin 2008, S. 63.

61 Ebd. S. 63.

VI

Nach der Auseinandersetzung mit der »Islamischen Bildungslehre« und den didaktischen Prinzipien, die Behr ausgehend von ersterer entwickelt hat, soll nun noch kurz auf Behrs Dissertation eingegangen werden.[62] In dieser untersucht Behr eine Reihe von Lehrplanentwürfen verschiedener islamischer Verbände bzw. Organisationen – z.B. des »Zentralrats der Muslime in Deutschland« (ZMD), der »Islamischen Föderation in Berlin« (IFB) und der »Islamischen Religionsgemeinschaft Hessen« (IRH). Dabei verfolgt er das Ziel, das »Profil« eines Lehrplanes für den Grundschulunterricht in Bayern zu entwickeln. Dessen Struktur beschreibt er folgendermaßen: Zu unterscheiden sei zwischen einem »Skelett« des Lehrplans auf der einen Seite, einem Ensemble zentraler Werte, die sowohl theologisch als auch pädagogisch und/oder politisch begründet werden könnten, und verschiedenen Themen auf der anderen Seite. Diese würden sich aus den islamisch-theologischen Disziplinen ergeben und mit ihnen sei das Skelett zu »füllen«.[63]

Nicht nur die soeben wiedergegebenen Überlegungen, sondern auch diejenigen, die Behr zur Frage der Didaktik des islamischen Religionsunterrichts angestellt hat (s. o.), spiegeln sich in dem Lehrplan für den »Islamischen Unterricht«, der die Grundlage jenes fünfjährigen Modellversuchs ist, der seit August 2009 an den öffentlichen Schulen in Bayern durchgeführt wird.[64] Im Rahmen dieses Modellversuchs ist der »Islamische Unterricht« ein ordentliches Schulfach, an dem Schüler alternativ zum christlichen Religions- oder zum Ethikunterricht teilnehmen können (wenn sie dazu angemeldet wurden).

62 Behr, Harry Harun, Curriculum Islamunterricht. Analyse von Lehrplanentwürfen für islamischen Religionsunterricht in der Grundschule. Ein Beitrag zur Lehrplantheorie des Islamunterrichts im Kontext der praxeologischen Dimension islamisch-theologischen Denkens, Bayreuth 2005. (http://www.izir.uni-erlangen.de/docs/IZIR_H.Behr_Dissertation_Curriculum_Islam.pdf. (10.01.2012))

63 Die Themen sind: die Glaubenslehren des Islam sowie seine religiöse Praxis, der Koran, die Biographie des Propheten, die Prophetengeschichten sowie das Verhältnis zwischen dem Islam und anderen Religionen.

64 http://www.ambergerschule-nuernberg.de/Downloaddateien/Lehrplan Islam.pdf (10.1.2012)

Dem Lehrplan zufolge hat der »Islamische Unterricht« von den sehr unterschiedlichen Voraussetzungen auszugehen, welche die Schüler mitbringen, und jene Grundlagen der Religion des Islam zu vermitteln, die als Konsens unter Muslimen angesehen werden können (und zwar so, dass sie dem jeweiligen Entwicklungsstand der Schüler entsprechen). Aufgabe dieses Unterrichts sei es, so heißt es im Lehrplan, zum einen den Schülern die Möglichkeit zu verschaffen, sich durch »sichere Bezugspunkte«[65] im Verhältnis zum Islam selbst zu verorten, also zu positionieren. Zum anderen soll durch den Unterricht ihre Dialogfähigkeit gefördert werden. Wie sich die Schüler positionieren, scheint nicht beliebig zu sein, heißt es doch, der »Islamische Unterricht« ziele letztlich darauf ab, »die muslimische Glaubensbereitschaft anzubahnen«[66] bzw. darauf, dass die Schüler eine »religiöse Identität«[67] entwickeln. Und auch der Dialog, den zu führen die Schüler befähigt werden sollen – dadurch, dass sie Kenntnisse über andere Religionen vermittelt bekommen –, ist nicht beliebig zu führen. Das wird deutlich, wenn es heißt, der »Islamische Unterricht« biete »die Chance, islamische Einstellungen und Haltungen in einem Feld zwischenmenschlicher Beziehungen einzuüben«[68]. Dies soll geschehen – das gilt es hervorzuheben – auf der Basis der Achtung der Anderen, auf der Basis von Toleranz und Anerkennung. Ja, das ist dem Lehrplan zufolge sehr wichtig: Der »Islamische Unterricht« dient nicht nur dazu Kenntnisse zu vermitteln, sondern auch Tugenden, und zwar »islamische Tugenden« wie »Bescheidenheit, Achtsamkeit, Geduld, Wissensdrang und Gottvertrauen«[69].

VII

Die Auseinandersetzung mit Behr diente primär dem Zweck herauszuarbeiten, wie er die islamische Religionspädagogik begründet und welche Konsequenzen er aus dieser Begründung für die Didaktik des islamischen Religionsunterrichts zieht. Mit Bezug auf die grundlegende Schrift, die »Islamische Bildungslehre«, wurde festgestellt,

65 Ebd. S. 1.
66 Ebd. S. 1.
67 Ebd. S. 2.
68 Ebd. S. 1.
69 Ebd. S. 1.

dass Behr sich hier eindeutig auf den Standpunkt der Religion des Islam stellt. Diese besitzt für ihn das Primat im Verhältnis zur Pädagogik. Auf ihrer Basis hat Behr den Versuch unternommen zu bestimmen, wie im Sinne des Islam Bildung, Erziehung und Sozialisation gedacht werden können bzw. müssen. Alle seine Ableitungen basieren, das wurde rasch deutlich, auf bestimmten theologischen Prämissen, die allerdings nicht expliziert und diskutiert werden. Behr rekurriert unmittelbar auf die heiligen Schriften, den Koran und die Hadithe, und setzt sich nicht mit der Tradition theologischen Denkens im Islam auseinander. Das Gleiche gilt auch für die Tradition pädagogischen Denkens im Islam. Auch sie wird von Behr »links liegen gelassen«.

Gezeigt wurde sodann, welche Konsequenzen Behr aus dem Primat der Religion in Bezug auf die Verwendung pädagogischer Grundbegriffe zieht. Was den Begriff der Bildung betrifft, so ist dieser zwar im Titel seiner Schrift enthalten, doch spielt er ansonsten in dieser kaum eine Rolle. Die Vorstellung davon, dass die Auseinandersetzung mit dem Islam ein offener Prozess sein könnte, in dem sich ein spezifisches Ich-Welt-Verhältnis ausbildet, ist in den Texten von Behr nicht zu finden. Statt von Bildung spricht er letztlich nur von Erziehung und Sozialisation. Erziehung wird gedacht als ein Prozess, in dem Erwachsene als Vorbilder Kindern und Jugendlichen demonstrieren, wie eine islamische Lebensführung idealiter auszusehen hat. Und indem die Heranwachsenden – vorausgesetzt sie haben sich dazu entschieden, Muslime zu werden – von den Erwachsenen durch Nachahmung lernen, entfalten sie ein Potential, das in ihnen immer schon angelegt ist. Ziel dieses Prozesses ist es, dass die Heranwachsenden Muslime werden, d.h. an den einen Gott glauben und ein gottgefälliges Leben führen – um letztlich auch im Jenseits »Erfolg« zu haben, also ins Paradies zu gelangen. Dabei werden sie gleichzeitig sowohl zu mündigen Subjekten als auch zu Mitgliedern der Gesellschaft erzogen. Mündigkeit wird von Behr allerdings in spezifischer Weise interpretiert, nämlich als Konsequenz einer »Festentschlossenheit«, also einer Gewissheit im Glauben und impliziert für Behr sowohl eine kritische Sicht auf die Gesellschaft als auch eine aktive Beteiligung an deren Leben. Und obwohl der Islam den Heranwachsenden vor allem die Integration in die Gesellschaft ermögliche bzw. zu deren »Erfolg« innerhalb der Gesellschaft beitragen solle, wird doch als Bedingung für die Integration angesehen, dass die Gesellschaft »gut« ist, was so verstanden werden kann, dass sie den Muslimen genügend »Spielräume« bieten sollte, um ihre Religiosität zu leben.[70]

Mit Bezug auf weitere Texte von Behr wurde darauf verwiesen, dass Behr die didaktische Frage, was inhaltlich im islamischen Religionsunterricht behandelt werden soll, als Konsens aus verschiedenen Lehrplanentwürfen islamischer Verbände herausgearbeitet hat. Und in Bezug auf die Frage nach dem »wie?« stellte er verschiedene Prinzipien auf, an denen sich zum einen Behrs pragmatisches Denken zeigte – der islamische Religionsunterricht habe den Bedingungen schulischen Unterrichts Rechnung zu tragen und er habe zur Verbesserung der Situation der an ihm teilnehmenden Schüler zu dienen – und zum anderen seine Orientierung an der Vernunft sowie an dem Prinzip der Diskursivität.

Abschließend soll nun der Versuch unternommen werden, den Typus von Religiosität zu bestimmen, den Behr vertritt. Dabei möchte ich mich auf jenes einfache Modell stützen, das der Religionssoziologe Peter Berger vor einiger Zeit entwickelt hat.[71] Berger geht davon aus, dass unter den Bedingungen der Pluralität von Sinnangeboten in modernen Gesellschaften letztlich eine traditionalistische Religiosität nicht mehr möglich ist. Jedes Bekenntnis zu einer Religion ist unter diesen Bedingungen insofern modern, als es auf einer Entscheidung beruht und einem »Zwang zur Häresie« unterliegt. Anders formuliert: Mit der Notwendigkeit, sich entscheiden zu müssen, geht einher, dass – wenn die Entscheidung für eine Religion getroffen wurde – die religiöse Tradition eigenständig angeeignet bzw. subjektiv interpretiert werden muss. Berger zufolge führt dies jedoch nicht zu einer endlos großen Zahl von Varianten einer Religion, sondern zu drei Typen von Religiosität, die sich jeweils in Bezug darauf unterscheiden, in welches Verhältnis sie die Religion zur Moderne setzen:

70 Behr kann nicht nur wegen der Konversion, sondern auch wegen seinem Bemühen, eine moderne Religionspädagogik zu entwickeln, als ein äußerst moderner Muslim begriffen werden. Trotz seines unmittelbaren Rekurses auf die heiligen Schriften ist Behr jedoch kein Fundamentalist. Vielmehr kann er als ein moderner Orthodoxer mit pragmatischen Zügen bezeichnet werden.

71 Siehe: Berger, Peter, Der Zwang zur Häresie. Religion in der pluralistischen Gesellschaft, Freiburg Basel Wien 1992.

1. Die Orthodoxie. Sie ist gekennzeichnet durch die Abschottung der religiösen Tradition gegen Einflüsse der Moderne.
2. Die reformerische Variante der Religion. Sie stellt den Versuch dar, die Religion dergestalt zu erneuern, dass sie mit der Moderne kompatibel ist.
3. Der dritte Typus ist der Fundamentalismus. Diesen kennzeichnet, dass diejenigen Momente der religiösen Tradition in den Vordergrund gerückt werden, welche es ermöglichen, die Religion in einen Gegensatz zur Moderne zu bringen.

Ganz offensichtlich kann Behr nicht als ein Traditionalist angesehen werden. Schon die Konversion, durch die Behr zum Muslim wurde, spricht dagegen. Sie beruht auf einer autonomen Entscheidung – und insofern kann Behrs Religiosität als äußerst modern betrachtet werden.

Als Konvertit nimmt er sich die Freiheit, die islamische Religionspädagogik unmittelbar mit Bezug auf die heiligen Schriften des Islam zu begründen. Seine Legitimation für dieses Unternehmen gewinnt er nicht durch ein umfangreiches theologisches oder pädagogisches Studium, durch die mühselige Auseinandersetzung mit der Tradition theologischen und pädagogischen Denkens im Islam, sondern eben durch seine Konversion.[72] Dieser unmittelbare Rekurs auf die heiligen Schriften des Islam könnte als protestantisch begriffen werden: Behr folgt dem Prinzip »sola scriptura«. Doch im Kontext des Islam drängt sich eine andere Zuordnung auf: Der unmittelbare Zugriff auf die heiligen Schriften ist im Islam ein wesentliches Merkmal fundamentalistischer Argumentationen. Diese setzen sich bekanntlich über bestehende Deutungstraditionen hinweg, beziehen sich unmittelbar auf den Koran und die Hadithe als diejenigen Quellen, welche im Islam die höchste Autorität genießen.[73] Doch unterscheidet Behr von fundamentalistischen Denkern[74], dass er nicht darauf aus ist,

72 Diese wird bezeugt durch ein auf seiner Homepage explizit erwähntes hoch angesehenes Gremium, die Majlis Ulama, Masjid Agung als Azhar, Jakarta, Indonesien. (Siehe: http://www.izir.de/index.php?option=com_content&view=category&layout=blog&id=11&Itemid=20 (10.01.2012))

73 Siehe Meddeb, Abdelwahab, Die Krankheit des Islam, Heidelberg 2002.

74 Wie z.B. Sayyid Qutb. (Siehe dazu: der Verf., Der Islam in der Moderne – Ausprägungen und Entwicklungstendenzen, in: Werkner, Ines-Jacqueline und Nina Leonhard (Hg.), Aufschwung oder Niedergang? Religion

den Koran so zu deuten, dass sich ein Gegensatz zwischen Islam und Moderne ergibt. Die Möglichkeit eines kritischen Verhältnisses zur modernen Gesellschaft wird zwar von ihm explizit in Erwägung gezogen, doch ist sie nicht für seine Deutung des Islam konstitutiv. Allerdings lässt sich auch nicht behaupten, dass Behr bemüht sei, den Islam zu reformieren, ihn so zu deuten, dass er mit der Moderne kompatibel ist. Dafür wäre eine dezidierte theologische Interpretation notwendig, die zunächst die Möglichkeit einer innovativen Koranhermeneutik theologisch begründet und diese sodann ins Werk setzt.[75] Entscheidend für seine Position ist vielmehr die »Festentschlossenheit«. Sie ist das grundlegende Merkmal jener Variante islamischer Religiosität, die Behr vertritt. Sie kann begriffen werden als eine besondere Variante von Orthodoxie, die sich nicht grundsätzlich gegen die Moderne abschottet, sondern nur in einem Punkt, dem des Zweifels. Den Zweifel, der sich eigentlich wie selbstverständlich angesichts der pluralistischen Situation in der Moderne einstellt, den darf es nicht geben.[76] Gepaart ist diese Variante der Orthodoxie mit einem Pragmatismus, dessen eine Seite sich auf die Religion bezieht und die sich äußert in einer utilitaristischen Deutung des Islam bzw. der islamischen Lebensführung. Die andere Seite dieses Pragmatismus ist bezogen auf die Gesellschaft, auf die sozialen Zusammenhänge, in welche die Kinder und Jugendlichen hineinwachsen.[77]

und Glauben in Militär und Gesellschaft zu Beginn des 21. Jahrhunderts, Strausberg 2003, S. 189-206.)

75 Wie z.B. Abu Zaid. (Siehe hierzu: der Verf., Religiös-philosophische Profile. Positionsbestimmungen jüdischer und islamischer Intellektueller im Säkularisierungsprozess, Hildesheim 2006, S. 45-66.)

76 In diesem Punkt trifft Behr sich etwa mit Tariq Ramadan. (Siehe hierzu: der Verf., Religiös-philosophische Profile. Positionsbestimmungen jüdischer und islamischer Intellektueller im Säkularisierungsprozess, Hildesheim 2006, S. 85-102.)

77 Sie zeigte sich vor allem, als es um die Frage nach dem Primat von Glaube oder Vernunft im Unterricht ging.

Fazit

Die vorliegende Schrift ist als eine erste Annäherung an das Thema »Islamischer Religionsunterricht« bzw. »Islamische Religionspädagogik« zu sehen. Sie hat zu vorläufigen Ergebnissen geführt, die abschließend noch einmal zusammengefasst und reflektiert werden sollen – und an die im Rahmen eines umfangreichen Forschungsprojektes angeknüpft werden könnte, um sie zu überprüfen und dann entweder zu verwerfen oder zu modifizieren bzw. zu differenzieren.

Begonnen wurde mit der Analyse einer Stunde im Fach »Islamische Religionslehre«, und zwar vor einem theoretischen Hintergrund, der den pädagogischen Grundbegriffen Didaktik, Erziehung und Bildung eine für die Analyse von Unterricht »erkenntnisleitende Funktion«[1] zuspricht – mit dem Ziel, die Pädagogik der Stunde als eine spezifische Konstellation im Verhältnis von drei Dimensionen des Unterrichts (für welche die pädagogischen Grundbegriffe stehen) zu bestimmen. Die Analyse dieser *einen* Stunde wäre durch diejenige zahlreicher anderer Stunden zu ergänzen, so dass auf dem Weg über eine komparatistische Analyse schließlich allgemeine Aussagen über den islamischen Religionsunterricht formuliert werden können. Doch sind m. E. bereits jene Ergebnisse, zu denen die Analyse dieser einen Stunde gelangte, für sich genommen interessant:

Es zeigte sich, dass die Stunde gekennzeichnet ist durch eine Dominanz der Dimension der Erziehung. In mehrfacher Weise fand in dieser Stunde Erziehung statt: dadurch dass der Lehrer sich als Vorbild für seine Schüler präsentierte, als vorbildlicher Muslim ihnen begegnete (sowohl im Rahmen der Begrüßung als auch bei der Verwendung verschiedener arabischer Ausdrücke); dadurch dass er seine Schüler – indirekt – als Muslime adressierte, als potentielle Mitglieder der *umma*; dadurch dass er sie gewissermaßen teilhaben ließ an der Praxis einer religiös definierten Gemeinschaft[2] und schließlich dadurch dass er von ihnen erwartete, sich an sein Schlussver-

1 Siehe: Gruschka, Andreas, Auf dem Weg zu einer Theorie des Unterrichtens. Die widersprüchliche Einheit von Erziehung, Didaktik und Bildung in der allgemeinbildenden Schule, Frankfurt am Main 2005.

2 Siehe zur erzieherischen Bedeutung der Teilhabe an einer sozialen Praxis: Dewey, John, Demokratie und Erziehung. Eine Einleitung in die philosophische Pädagogik, Basel 1993.

fahren anzuschmiegen – und nicht eigenständig zu denken. Dem entsprach eine Didaktik, die vordergründig auf eine eigenständige Erschließung hin angelegt war, die Erschließung dessen, wie Engel sind (mit Hilfe von Bildmaterial), sich aber letztlich auf die Vermittlung dogmatischen Wissens über Engel reduzierte, mit der Konsequenz, dass eine bildende Auseinandersetzung der Schüler mit der »Sache« – an der die Schüler durchaus interessiert zu sein schienen – tendenziell unmöglich gemacht wurde.

Im Anschluss an die Analyse des empirischen Beispiels fand eine Auseinandersetzung mit der theoretischen Grundlegung der islamischen Religionspädagogik in den Schriften von Harry Harun Behr statt. Vor allem die von ihm verfasste »Islamische Bildungslehre« wurde daraufhin befragt, welches Verständnis von Pädagogik in ihr zum Ausdruck kommt, genauer gesagt, wie bestimmte pädagogische Grundbegriffe in ihr verwendet werden. Auf diese Analyse müsste eigentlich eine Auseinandersetzung mit anderen religionspädagogischen Entwürfen folgen, vor allem mit solchen, die für den christlichen oder jüdischen Religionsunterricht gedacht sind, um sie miteinander zu vergleichen. (Tatsächlich ist ein solcher Vergleich meines Wissens bislang noch nicht durchgeführt worden.[3]) Doch auch hier hat m. E. die Analyse bereits zu ersten interessanten Ergebnissen geführt:

Es hat sich gezeigt, dass Behr die islamische Religionspädagogik nicht von einem pädagogischen, sondern von einem religiösen Standpunkt aus entwirft, eben vom Standpunkt des Islam. Dieses Primat der Religion hatte Konsequenzen für Behrs Verständnis von Erziehung, Bildung, Sozialisation und Didaktik sowie für die Gewichtung der verschiedenen Grundbegriffe: Der Begriff der Bildung, so wurde deutlich, spielt in den Ausführungen von Behr letztlich nur eine untergeordnete Rolle, im Vordergrund stehen bei ihm die Begriffe »Erziehung« und »Sozialisation«. Die Erziehung der nachwachsen-

3 Vor dem Hintergrund der Debatte über den islamischen Religionsunterricht ist von Nipkow der Stand der Diskussion in der christlichen Religionspädagogik resümiert worden. Doch den nächsten Schritt, der darin bestehen könnte, die Argumentation von Behr mit diesem Stand zu konfrontieren, ist Nipkow nicht gegangen. (Siehe: Nipkow, Ernst Karl, Grundlagen einer Religionsdidaktik aus christlicher Sicht, in: Kaddor, Lamya (Hg.), Islamische Erziehungs- und Bildungslehre, Berlin 2008, S. 27-48.)

den Generation beruht Behr zufolge auf einem Auftrag Gottes. Behr ist allerdings keineswegs der Meinung, dass jeder Erwachsene dazu verpflichtet ist, diesen göttlichen Erziehungsauftrag zu erfüllen – genauso wenig wie jeder (junge) Mensch dazu verpflichtet ist, die in ihm angelegte Möglichkeit, Muslim zu werden, zu realisieren. Doch wenn dies geschieht, wenn ein Erwachsener sich dazu entscheidet, zu erziehen, und wenn ein Heranwachsender Muslim werden möchte, dann könne ein Erziehungsprozess stattfinden, in dem der Erzieher als Vorbild agiert und in dem der »Zögling« an diesem lernt. Indem der Erzieher exemplarisch vorlebt, was es heißt, Muslim zu sein, kann auch der Heranwachsende zu einem solchen werden. Dieser Prozess wird von Behr jedoch nicht als ein offener gedacht, in dessen Rahmen der Zögling sich subjektiv mit dem Islam auseinandersetzt. Dem korrespondiert zum einen die große Bedeutung, die Behr dem Prozess der Sozialisation bzw. der Übernahme von Rollen zuspricht. Zum anderen ist dies mit einer Didaktik verbunden, welche Probleme, die sich in der Auseinandersetzung mit der »Sache«, mit »dem Islam« ergeben könnten, tendenziell ausklammert. Genauer gesagt, eine rationale Auseinandersetzung mit dem Islam wird zwar durchaus als sinnvoll und wichtig erachtet, doch steht eine reflektierte, mit Zweifeln verbundene Religiosität im Widerspruch zu dem Ziel, das laut Behr durch die islamische Erziehung erreicht werden soll, dem Ziel des »mündigen Muslim«, dessen Mündigkeit gleichgesetzt wird mit »Festentschlossenheit«, also mit einer Gewissheit im Glauben, die gerade keine Zweifel kennt – die aber die Möglichkeit bietet, kritisch auf Distanz zur Gesellschaft zu gehen und sich in ihr zu engagieren.

Im Hinblick auf die Stunde im Fach »Islamische Religionslehre« sollte auch danach gefragt, wie sich diese wohl auf das Handeln der Beteiligten auswirken werde. Eine eindeutige Antwort auf diese Frage zu geben, ist allerdings kaum möglich.[4] Allenfalls kann überlegt werden, welches Bewährungsmodell in dem analysierten Unterricht den Schülern vermittelt wurde (auch wenn Fragen der Bewährung nicht unmittelbar angesprochen wurden). Thema war das religiöse Deutungsmuster bzw. ein zu diesem gehörendes Element: die Engel

4 Um diese Frage einer Klärung näher zu bringen, müssten Interviews mit Schülern, die an dem Unterricht teilgenommen haben, durchgeführt werden.

und ihre Eigenschaften. Insofern dieses Deutungsmuster aber den Rahmen abgibt, innerhalb dessen sich Fragen der Bewährung stellen (und innerhalb dessen diese auch beantwortet werden können), lassen sich Vermutungen dahin gehend formulieren, welche Konsequenzen aus dem im Unterricht Vermittelten im Hinblick auf die Lösung des Bewährungsproblems gezogen werden könnten: Innerhalb des im Unterricht vermittelten Deutungsmusters wird das Verhältnis von Gott, den Engeln und den Menschen so gedacht, dass die Engel Gott nur gehorchen können. Im Gegensatz dazu können Menschen durchaus ungehorsam sein, doch, so lässt sich vermuten, sollten sie es nicht sein. Das würde bedeuten, dass den Schülern im Unterricht ein Bewährungsmodell vermittelt wurde, demzufolge der Gläubige sich dann bewährt, wenn er sich gehorsam gegenüber Gott und seiner »Rechtleitung« verhält. Was das konkret bedeuten könnte, dafür gibt der Unterricht allerdings keine Hinweise.

Bezogen auf den Autor der »Islamischen Bildungslehre« wurde schließlich gefragt, welchen Typus von Religiosität er vertritt. Zu dieser Frage kann festgehalten werden: Bei Behr handelt es sich um einen islamischen Intellektuellen, der als Konvertit für sich in Anspruch nehmen kann, modern zu sein, insofern er nicht in einer Tradition aufgewachsen ist – derjenigen des Islam – und diese einfach übernommen hat. Seine Religiosität beruht vielmehr auf einer autonomen Entscheidung. Diese ist verbürgt durch eine Konversion, die in einem offiziellen Übertritt zum Islam gipfelte.[5] Als Konvertit, der kein theologisches oder religionswissenschaftliches Studium absolviert hat, hat Behr kein ausgeprägtes Verhältnis zur Geschichte des Islam (wie viele moderne Muslime, genauer gesagt, solche, die im Anschluss an einen Traditionsbruch sich der Religion – wieder – zugewendet haben[6]), greift vielmehr unmittelbar auf die zentralen Schriften des Islam, vor allem auf den Koran zurück, ohne den Umweg über die Tradition der Textexegese zu nehmen. Das führt zu Deutungen, die – wie z. B. die These von einer kausalen Relation

5 Dieser wurde vor einem hoch angesehenen Gremium, der Majlis Ulama, Masjid Agung als Azhar, Jakarta, Indonesien vollzogen. (Siehe hierzu die Homepage von Behr.:http://www.izir.de/index.php?option=com_content&view=category&layout=blog&id=11&Itemid=20. (10.1.2012))

6 Vgl. der Verf., Moderner Islam. Fallstudien zur islamischen Religiosität in Deutschland, Hildesheim 2004.

zwischen Diesseits und Jenseits zeigt – relativ schlicht sind. Anders gesprochen, als Konvertit besitzt er eine Freiheit und Unbefangenheit im Umgang mit den heiligen Texten, die ein traditioneller Muslim in der Regel kaum besitzt.[7]

Man könnte auf der einen Seite sagen, dass sein Rückgriff auf die heiligen Schriften, vor allem auf den Koran, dem der Fundamentalisten gleicht. Auch für diese ist charakteristisch, dass sie die Auslegungstradition überspringen.[8] Auf der anderen Seite unterscheidet Behr sich aber deutlich von Fundamentalisten, insofern er keineswegs den Islam in einen Gegensatz zur Moderne zu setzen beabsichtigt – was sich bei seiner islamischen Religionspädagogik eben daran zeigt, dass diese nicht konsequent in einen Widerspruch zur modernen Pädagogik gesetzt wird. Behr will vielmehr, wie gesagt, einen »mündigen Muslim«, der mit einem kritischen Bewusstsein ausgestattet ist, der seine Vernunft benutzt und fähig ist, sich eigenständig ein Urteil zu bilden – zumindest im Hinblick auf die ihn umgebende Gesellschaft.

Lässt sich nun ein Zusammenhang zwischen der analysierten Stunde und der islamischen Religionspädagogik von Behr feststellen? Bevor diese Frage beantwortet wird, sei kurz festgehalten, dass beide »Fälle« weitgehend unabhängig voneinander untersucht wurden: Zwar wurden sie beide auf der Basis derselben theoretischen Prämissen analysiert, doch weder wurde die erste Analyse durchgeführt, um die zweite zu überprüfen oder zu belegen, noch umgekehrt. Rückblickend lassen sich nun beide Analysen folgendermaßen in Bezug zueinander setzen:

Zunächst lässt sich festhalten, dass sowohl in dem empirischen Beispiel als auch der theoretischen Reflexion der islamischen Religionspädagogik die Dimension der Erziehung im Vordergrund steht, ja, dominiert. Auffällig ist sodann, dass der Lehrer in der analysierten Stunde in der Weise handelt, wie es Behr in der »Islamischen Bildungslehre« vorsieht: Er tritt als ein Vorbild auf, handelt wie ein solches, d.h. als jemand, der exemplarisch vorlebt, was es bedeutet, Muslim zu sein. Und der Lehrer nimmt diese Aufgabe wahr, wie es

7 Dieser muss sich z.B. erst einmal mit der Frage auseinandersetzen, ob er denn überhaupt dazu legitimiert ist, eine eigenständige Deutung des Koran vorzunehmen.

8 Siehe: Meddeb, Abdelwahab, Die Krankheit des Islam, Heidelberg 2002.

den Ausführungen von Behr entspricht: Er überlässt es den Schülern, selbst zu entscheiden, ob sie ihm als Vorbild folgen wollen oder nicht. Die Dominanz der Erziehung ist nun in beiden »Fällen« mit einer Vernachlässigung der Dimension der Bildung verbunden. Und die Didaktik der analysierten Unterrichtsstunde lässt sich durchaus als eine mögliche Konkretisierung dessen, was Behr ausführte, ansehen: Sie ist keineswegs irrational. Vielmehr steht bei ihr die Vermittlung von »Wissen« deutlich im Vordergrund, von Wissen, das als »unser Wissen« begriffen wird, als tradiertes Wissen – das zu einem Wissen der Schüler werden soll. Dieses Wissen wird allerdings nicht befragt, ja, seine Befragung, seine subjektive Aneignung durch die Schüler ist in der Didaktik des Lehrers nicht vorgesehen. Es kommen zwar Fragen bei den Schülern auf, in denen sich das Bedürfnis nach subjektiver Aneignung artikuliert, genauer gesagt, werden provokative Äußerungen getan und subjektive Theorien präsentiert. Doch wird auf diese nicht weiter eingegangen, bleiben die Schüler damit allein. Zugespitzt ließe sich also sagen: Wie die Lehrer mit den Problemen der Vermittlung, genauer gesagt, mit der Frage, wie auf Seiten der Schüler eine subjektive Aneignung der ihnen vermittelten Religion möglich sein kann, von Behr allein gelassen werden, so die Schüler mit ihren Aneignungsproblemen von dem Lehrer in der hier analysierten Stunde.

Die strukturellen Homologien zwischen der Empirie und der Theorie des islamischen Religionsunterrichts legen die Vermutung nahe, dass die Probleme, welche auf der Ebene der Empirie auftauchten, mit denen auf der Ebene der Theorie zusammenhängen, und dass es entsprechend nicht ausreichen würde, wenn allein Verbesserungsvorschläge für den Unterricht in dieser *einen* Stunde gemacht würden, weil letztlich die Grundlagen dieses Unterrichts intensiver reflektiert werden müssen.

Beide Studien führen abschließend zu mehreren Thesen, die sich nicht nur auf die Praxis des islamischen Religionsunterrichts, sondern auch auf dessen Grundlagen beziehen, d. h. sowohl auf die islamische Religionspädagogik als auch auf die islamische Theologie:[9]

9 Im Hintergrund dieser Thesen stehen allerdings nicht nur die hier abgedruckten Studien, sondern auch die Forschungen des Verfassers zum Koran sowie zur muslimischen Religiosität in der Gegenwart.

1. These: Der islamische Religionsunterricht stellt die islamische Theologie vor eine enorme Herausforderung. Diese nämlich, die islamische Theologie, ist letztlich die entscheidende Grundlage des islamischen Religionsunterrichts. Die Lehrer, die das Fach unterrichten, müssen selbstverständlich theologisch gebildet sein. Auch wenn dies nicht der Fall sein sollte: Faktisch unterrichten sie stets auf der Basis einer bestimmten Variante der islamischen Theologie. Von dieser ist wesentlich abhängig, ob ein Lehrer dazu in der Lage ist, auf Fragen, welche von Schülern, die in der hiesigen Gesellschaft aufgewachsen sind, aufgeworfen werden, eine Antwort zu geben, und zwar so, dass die Schüler auf der einen Seite eine geistige und auch praktische Orientierung erhalten und auf der anderen dazu befähigt werden, ein Leben als mündige Bürger in dieser Gesellschaft zu führen. Die obigen Untersuchungen legen nahe, dass die Lehrer auf theologische Reflexionen angewiesen sind, die

- das Problem aufgreifen, wie mit den heiligen Schriften des Islam, wie vor allem mit dem Koran umzugehen ist. Die Frage der Legitimation einer hermeneutischen Auslegung des Koran ist von grundsätzlicher Bedeutung im Islam[10], stellt sich jedoch bezogen auf den schulischen Unterricht mit besonderer Dringlichkeit: Darf der Koran nur auf Arabisch gelesen werden, oder ist es legitim, mit deutschen Übersetzungen zu arbeiten? Müssen die Schüler erst einmal die in der Tradition üblichen Regeln und Prinzipien der Interpretation lernen, müssen sie darüber hinaus womöglich erst einmal relevante Deutungstraditionen kennen, bevor sie ihre eigenen Interpretationen des Korantextes entwickeln – oder ist es theologisch gerechtfertigt, wenn sie sich in all ihrer Naivität und Unkenntnis mit dem Koran befassen, ihn befragen und zu verstehen versuchen?[11]
- das Verhältnis von Glauben und Wissen im Islam thematisieren. Ist dasjenige, was im Koran zu lesen ist, als ein »Wissen« (als geoffenbartes Wissen) zu betrachten, oder ist es theologisch gerechtfertigt, wenn es im Unterricht als eine Glaubensüberzeugung genommen wird, d.h. als etwas, von dem ein Individuum (Mohammed) und eine Gemeinde (die *umma*) überzeugt waren, und das

10 Siehe hierzu: Kermani, Navid, Offenbarung als Kommunikation. Das Konzept wahy in Nasr Hamid Abu Zayds Mafhum an-nass, Frankfurt am Main Berlin Bern New York Paris Wien 1996.

11 Dieser Meinung ist z.B. der Wiener Religionspädagoge Ednan Aslan.

die Schüler nicht einfach nur zur Kenntnis nehmen und sodann entweder nur bejahen oder verneinen können;
- sich dem Problem der Vermittlung der kanonischen Texte bzw. der Tradition mit den Problemen der Gegenwart stellen. Die Schüler erwarten eine Orientierung für ihr gegenwärtiges Leben, Antworten auf Fragen, die sich in ihrer momentanen Situation stellen und sie wollen wissen, wie sie handeln müssten, so dass es im Einklang mit dem Islam steht. Dafür ist eine neue Interpretation der heiligen Schriften des Islam erforderlich, eine solche, die diesen nicht nur wortwörtlich interpretiert, sondern auch metaphorische Lesarten bietet.[12]

Letztlich ist ein islamischer Religionsunterricht nicht vorstellbar, in dem nicht ein hermeneutischer Zugang zum Koran (und den Hadithen) praktiziert wird. Dieser muss theologisch gerechtfertigt und in der Theologie vorweggenommen werden.

2. These: Freilich geht von dem islamischen Religionsunterricht auch eine Herausforderung an die Religionspädagogik aus. Diese besteht auf verschiedenen Ebenen:
- auf derjenigen der Entwicklung eines Lehrplans,
- auf der Ebene der Entwicklung einer Fachdidaktik, die sowohl Einfluss auf die Lehrplanentwicklung zu nehmen als auch didaktisch zu reflektieren versucht, wie die Vorgaben des Lehrplans umgesetzt werden können. Dabei stellt sich auf der einen Seite die Frage, welche Bestandteile der Tradition in den Unterricht einfließen sollen, und auf der anderen, was für die Schüler wichtig ist und wie Schüler sich mit diesen Bestandteilen auseinandersetzen können, ja, wie ihre religiöse Bildung sich vollziehen könnte.[13] Mögliche Probleme, die dabei berücksichtigt werden müssten, könnten sein:
- Wenn davon ausgegangen wird, dass Kinder dazu neigen, sich das Verhältnis zwischen Gott und Mensch in Analogie zu dem zwischen

12 Zur Frage nach einer aktuellen Interpretation des Koran siehe: Körner, Felix, Alter Text – neuer Kontext. Koranhermeneutik in der Türkei heute, Freiburg2006.

13 Die bereits bestehenden Lehrpläne können danach unterschieden werden, ob sie eher von den möglichen Inhalten (also der Seite des Objekts) oder von den Schülern (der Seite des Subjekts) ausgehen.

Eltern und Kind vorzustellen, wie ist ihnen dann zu vermitteln, dass Gott im Islam nicht als Vater gedacht wird, sondern als jemand, der deutlich in die Ferne gerückt ist?

– Wenn die Gehorsamserwartung deutlich herausgestellt wird und die Schüler sie zu hinterfragen beginnen, was soll dann geschehen? Noch weiter gehend: Wie soll überhaupt damit umgegangen werden, dass Schüler gegebenenfalls Aussagen in Frage stellen? Wie kann, wie sollte im Unterricht mit Zweifeln, mit Widerspruch umgegangen werden?

3. These: Ein professioneller Religionsunterricht müsste darüber hinausgehen, die Schüler mit der Tradition vertraut zu machen – denn diesen bliebe sonst, wie gesagt, nur die Alternative zwischen deren abstrakter Ablehnung auf der einen Seite, die letztlich in eine konsequente Ablehnung des Islam, ja, womöglich in einen dogmatischen Atheismus münden könnte. Auf der anderen Seite könnten die Schüler sich abstrakt für den Islam entscheiden, würden diesen unreflektiert übernehmen, was letztlich ebenfalls zu einem Dogmatismus führen würde. Jenseits allen Dogmatismus' aber wäre eine islamische Identität durchaus denkbar, die reflektiert ist und in Rechnung stellt, dass die Frage nach dem Sinn des Lebens auch anders beantwortet werden kann – und damit auch die Möglichkeit des Zweifels und der Ungewissheit akzeptiert. Eine solche wäre modern.[14]

Zur Bewältigung der Herausforderung, die sich für die Religionspädagogik des islamischen Religionsunterrichts ergibt, kann eine Unterrichtsforschung, wie die hier exemplarisch durchgeführte, m. E. wesentlich beitragen. Diese hat stets danach zu fragen – mit Bezug auf unterschiedliche Themen, verschiedene Jahrgangsstufen sowie Schulformen –, was jeweils religiöse Bildung konkret sein könnte. Das heißt, sie hat auf der einen Seite nach dem jeweiligen »Bildungsgehalt« der »Sache« und auf der anderen Seite nach möglichen subjektiven Verständnis- und Aneignungsproblemen bzw. -bemühungen der Schüler zu fragen, die im Rahmen der Unterrichtskommunikation deutlich werden. Sie könnte integraler Bestandteil eines Professionalisierungsprozesses der Lehrer, die den islamischen Religionsunterricht durchführen, sein – eines Prozesses, der letzt-

14 Siehe hierzu auch: der Verf., Moderner Islam. Fallstudien zur islamischen Religiosität in Deutschland, Hildesheim 2004.

lich erst mit dem Austritt aus dem Berufsleben endet und in dessen Rahmen die Lehrer immer wieder auf der einen Seite über den möglichen »Bildungsgehalt« der Sache, also der islamischen Religion, und auf der anderen Seite über die Möglichkeiten und Schwierigkeiten der Aneignung dieser Sache durch die Schüler reflektieren.[15]

15 Siehe hierzu auch: der Verf., Unterricht zwischen Krise und Routine. Wider eine kompetenztheoretische Verkürzung einer Theorie pädagogischer Professionalität, in: Sozialer Sinn. Zeitschrift für hermeneutische Sozialforschung, Heft 1, 2010, S. 79-93.

Literatur

Ahmad, Khurshid, Grundsätze der islamischen Erziehung, München 1997.

Al-Buhari, Sahih, Nachrichten von Taten und Aussprüchen des Propheten Mohammed, hrsg. v. Dieter Ferchl, Stuttgart 1991.

Bartsch, Darjusch, Konzepte und Modelle zur Vermittlung der Lehrinhalte im deutschsprachigen Islamkunde-Unterricht, Hamburg 2009.

Bauer, Thomas et. al., Islamischer Religionsunterricht: Hintergründe, Probleme, Perspektiven, Münster 2004.

Behr, Harry Harun, Integration, Islamunterricht und Koran, in: Zeitschrift für die Religionslehre des Islam (ZRLI), Heft 9 2011, Jg. 5. Nürnberg 2010, S. 7-18.

– et al., »Den Koran zu lesen genügt nicht!« Fachliches Profil und realer Kontext für ein neues Berufsfeld. Auf dem Weg zum Islamischen Religionsunterricht, Berlin 2008.

– Beziehungsfelder muslimischer Religionslehrerinnen und -lehrer, in: Ders., et al., »Den Koran zu lesen genügt nicht!« Fachliches Profil und realer Kontext für ein neues Berufsfeld. Auf dem Weg zum Islamischen Religionsunterricht, Berlin 2008.

– Die anderen fünf Säulen des Islams. Zu normativen Dimensionen des Islamischen Religionsunterrichts. Zeitschrift für die Religionslehre des Islam (ZRLI), Heft 4 2008, Jg. 2. Nürnberg 2008. Seiten 7 ff.

– Bildungstheoretisches Nachdenken als Grundlage für eine islamische Religionsdidaktik, in: Kaddor, Lamya (Hg.), Islamische Erziehungs- und Bildungslehre, Berlin 2008, S. 49-65.

– Grundriss islamisch theologischen Denkens im Kontext der Bundesrepublik Deutschland. Zeitschrift für die Religionslehre des Islam (ZRLI), Heft 1 2007, Jg. 1, Seiten 2 ff.

– Ein ordentliches Fach? Neue Wegmarken für den Islamischen Religionsunterricht, in: Herder Korrespondenz 61, 6/2007, S. 298-303.

– Innere Heimat Islam, Antrittsvorlesung, (http://www.izir.uni-erlangen.de/docs/IZIR_H.Behr_Antrittsvorlesung.pdf.)

– Curriculum Islamunterricht. Analyse von Lehrplanentwürfen für islamischen Religionsunterricht in der Grundschule. Ein Beitrag zur Lehrplantheorie des Islamunterrichts im Kontext der praxeologischen Dimension islamisch-theologischen Denkens, Bayreuth 2005. (http://www.izir.uni-erlangen.de/docs/IZIR_H.Behr_Dissertation_Curriculum_Islam.pdf)

– Islamische Bildungslehre, München 1998.

Berger, Peter, Der Zwang zur Häresie. Religion in der pluralistischen Gesellschaft, Freiburg–Basel–Wien 1992.

Bukow, Wolf-Dietrich und Erol Yildiz (Hrsg.), Islam und Bildung, Opladen 2003.

Ceylan, Rauf, Islamische Religionspädagogik in Moscheen und Schulen. Ein sozialwissenschaftlicher Vergleich der Ausgangslage, Lehre und Ziele unter besonderer Berücksichtigung der Auswirkungen auf den Integrationsprozess der muslimischen Kinder und Jugendlichen in Deutschland, Hamburg 2008.

Dahrendorf, Ralf, Homo Sociologicus, Köln Opladen 1970.

Dawoud, Mohamed, Kindererziehung nach islamischen Verständnissen. Erziehungskonzepte im Islam bis zum zehnten Lebensjahr zwischen Theorie und Praxis, München 2010.

Dewey, John, Demokratie und Erziehung. Eine Einleitung in die philosophische Pädagogik, Basel 1993.

Eliade, Mircea, Das Heilige und das Profane. Vom Wesen des Religiösen, Hamburg 1957.

Flitner, Andreas, Konrad, sprach die Frau Mama… Über Erziehung und Nicht-Erziehung, Berlin 1982.

Gebauer, Klaus, Auf die Inhalte kommt es an! »Erlaubtes« und »Nichterlaubtes« im staatlichen Religionsunterricht nach Artikel 7 GG, in: Mohr, Irka-Christin und Michale Kiefer (Hg.), Islamunterricht – Islamischer Religionsunterricht – Islamkunde. Viele Titel – ein Fach? Bielefeld 2009, S. 161-189.

Giesecke, Hermann, Die Pädagogische Beziehung. Pädagogische Professionalität und die Emanzipation des Kindes, München 1997.

Goldziher, Ignaz, Ueber die Eulogien der Muhammedaner, in: Zeitschrift der Deutschen Morgenländischen Gesellschaft, 56. Band, Leipzig 1896, S. 97-128.

Graf, Peter und Wolfgang G. Gibowski (Hg.), ›Islamische Religionspädagogik‹ – Etablierung eines neuen Faches, Göttingen 2007.

Grundgesetz, München 2011.

Gruschka, Andreas, Auf dem Weg zu einer Theorie des Unterrichtens. Die widersprüchliche Einheit von Erziehung, Didaktik und Bildung in der allgemeinbildenden Schule, Frankfurt am Main 2005.

– Erkenntnis in und durch Unterricht. Empirische Studien zur Bedeutung der Erkenntnis- und Wissenschaftstheorie für die Didaktik, Wetzlar 2009.

– An den Grenzen des Unterrichts, Opladen & Farmington Hills, MI 2010.

– Theorie des Unterrichtens (unveröffentlichtes Manuskript).

Gür, Metin, Türkisch-islamische Vereinigungen in der Bundesrepublik Deutschland, Frankfurt am Main 1993.

Hanifzadeh, Massoud, Islamischer Religionsunterricht in Deutschland. Möglichkeiten und Grenzen, Marburg 2010.

Helsper, Werner, Antinomien des Lehrerhandelns in modernisierten pädagogischen Kulturen, in: Combe, Arno und Werner Helsper (Hg.), Pädagogische Professionalität. Untersuchungen zum Typus pädagogischen Handelns, Frankfurt am Main 1996, S. 521-569.

Herbart, Allgemeine Pädagogik aus dem Zweck der Erziehung abgeleitet. 1806, in: Nohl, Herman, Die Pädagogik Herbarts, Weinheim/Bergstr. 1962.

Houtsma, M.Th. et al. (Hg.), Enzyklopädie des Islams. Geographisches, ethnographisches und biographisches Wörterbuch der muhammedanischen Völker, Leiden Leipzig 1908-1936.

Ibn Ishak, Mohammed. Das Leben des Propheten, übersetzt v. Gernot Rotter, Stuttgart 1982.

Jonker, Gerdien, et al. (Hg.), Muslimische Gesellschaften in der Moderne. Ideen-Geschichten-Materialien, Wien 2007.

Kaddor, Lamya (Hg.), Islamische Erziehungs- und Bildungslehre, Berlin 2008.

Dies. et. al. (Hg.), Saphir 5/6: Religionsbuch für junge Musliminnen und Muslime, München 2008.

Kermani, Navid, Offenbarung als Kommunikation. Das Konzept wahy in Nasr Hamid Abu Zayds Mafhum an-nass, Frankfurt am Main–Berlin–Bern–New York–Paris–Wien 1996.

Kiefer, Michael et. al. (Hg.), Auf dem Weg zum Islamischen Religionsunterricht. Sachstand und Perspektiven in Nordrhein-Westfalen, Berlin 2008.

– Aktuelle Entwicklungen in den Ländern: Art und Umfang der bestehenden Angebote, Unterschiede, Perspektiven, in: Islamischer Religionsunterricht in Deutschland Perspektiven und Herausforderungen Dokumentation zur Tagung der Deutschen Islam Konferenz 13. bis 14. Februar 2011, Nürnberg http://www.deutsche-islam-konferenz.de/SharedDocs/Anlagen/DE/DIK/Downloads/Sonstiges/Dokumentation_20IRU-Tagung_202011,templateId=raw,property=publicationFile.pdf/Dokumentation%20IRU-Tagung%202011.pdf

Khorchide, Mouhanad, Der islamische Religionsunterricht zwischen Integration und Parallelgesellschaft. Einstellungen der islamischen ReligionslehrerInnen an öffentlichen Schulen, Wiesbaden 2009.

Körner, Felix, Alter Text – neuer Kontext. Koranhermeneutik in der Türkei heute, Freiburg 2006.

Krieg, Bernhard, ›Eingehüllte Rationalität‹ und pädagogische Praxis. Eine Studie zu Gegenstand und Methode Erziehungswissenschaftlicher Unterrichtsforschung, Frankfurt am Main 1982.

Kuld, Lothar und Bruno Schmid, Islamischer Religionsunterricht in Baden-Württemberg. Zur Differenzierung des Lernfelds Religion, Münster 2009.

Mohr, Irka-Christin, Islamischer Religionsunterricht in Europa. Lehrtexte als Instrumente muslimischer Selbstverortung im Vergleich, Bielefeld 2006.

– und Michael Kiefer (Hg.), Islamunterricht – Islamischer Religionsunterricht – Islamkunde. Viele Titel – ein Fach?, Bielefeld 2009.

Naef, Silvia, Bilder und Bilderverbot im Islam. Vom Koran bis zum Karikaturenstreit, München 2007.

Nipkow, Ernst Karl, Grundlagen einer Religionsdidaktik aus christlicher Sicht, in: Kaddor, Lamya (Hg.), Islamische Erziehungs- und Bildungslehre, Berlin 2008, S. 27-48.

Nohl, Herman, Die Theorie der Bildung, in: Ders., Die pädagogische Bewegung in Deutschland und ihre Theorie, Frankfurt am Main 1988, S. 133-279.

Oelkers, Jürgen, Einführung in die Theorie der Erziehung, Weinheim und Basel 2001.

Oevermann, Ulrich, Ein Modell der Struktur von Religiosität. Zugleich ein Strukturmodell von Lebenspraxis und von sozialer Zeit, in: M. Wohlrab-Sahr (Hg.), Biographie und Religion. Zwischen Ritual und Selbstsuche, Frankfurt am Main/New York 1995, S. 27-102.

– Die Methode der Fallrekonstruktion in der Grundlagenforschung sowie der klinischen und pädagogischen Praxis. In: Kraimer, Klaus, Die Fallrekonstruktion. Sinnverstehen in der sozialwissenschaftlichen Forschung. Frankfurt/M. 2000, S. 58-156.

– Theoretische Skizze einer revidierten Theorie professionalisierten Handelns, in: Combe, Arno und Werner Helsper (Hg.), Pädagogische Professionalität. Untersuchungen zum Typus pädagogischen Handelns, Frankfurt am Main, S. 70-182.

– Professionalisierungsbedürftigkeit und Professionalisiertheit pädagogischen Handelns, in: Kraul, Margret, Winfried Marotzki und Cornelia Schweppe (Hg.): Biographie und Profession, Bad Heilbrunn/Obb. 2002, S. 19-63.

Otto, Rudolf, Das Heilige. Über das Irrationale in der Idee des Göttlichen und sein Verhältnis zum Rationalen, München 1991.

Paret, Rudi, Der Koran, Darmstadt 1975.

Prange, Klaus und Gabriele Strobel-Eisele, Die Formen des pädagogischen Handelns. Eine Einführung, Stuttgart 2006.

Schluchter, Wolfgang, Zwischen Welteroberung und Weltanpassung. Der frühe Islam, in: Ders. Religion und Lebensführung, Bd. 2, Studien zu Max Webers Religions- und Herrschaftssoziologie, Frankfurt am Main 1988, S. 261-381.

Schweitzer, Friedrich, Pädagogik und Religion. Eine Einführung, Stuttgart 2003.

Stiegelecker, Hermann, Die Glaubenslehren des Islam, Paderborn–München–Wien–Zürich 1983.

Twardella, Johannes, Autonomie, Gehorsam und Bewährung im Koran. Ein soziologischer Beitrag zum Religionsvergleich, Hildesheim–Zürich–New York 1999.

– Der Islam in der Moderne – Ausprägungen und Entwicklungstendenzen, in: Werkner, Ines-Jacqueline und Nina Leonhard (Hg.), Aufschwung oder Niedergang? Religion und Glauben in Militär und Gesellschaft zu Beginn des 21. Jahrhunderts, Strausberg 2003, S. 189-206.

– Moderner Islam. Fallstudien zur islamischen Religiosität in Deutschland, Hildesheim 2004.

– Religiös-philosophische Profile. Positionsbestimmungen jüdischer und islamischer Intellektueller im Säkularisierungsprozess, Hildesheim 2006.

– Pädagogischer Pessimismus. Eine Fallstudie zu einem Syndrom der Unterrichtskultur an deutschen Schulen, Frankfurt am Main 2008.

– Rezension zu: Kaddor, Lamya (Hg.), Islamische Erziehungs- und Bildungs-

lehre, Berlin 2008, in: Ästhetik und Kommunikation, Heft 143, 2008, S. 120 ff.
- Unterricht zum Thema »Islam« als Gegenstand der Interkulturellen Pädagogik, in: Erwägen Wissen Ethik. Streitforum für Erwägungskultur, Heft 2, 2010, S. 212-215.
- Rezension zu: Ceylan, Rauf: Islamische Religionspädagogik in Moscheen und Schulen. Ein sozialwissenschaftlicher Vergleich der Ausgangslage, Lehre und Ziele unter besonderer Berücksichtigung der Auswirkungen auf den Integrationsprozess der muslimischen Kinder und Jugendlichen in Deutschland, Hamburg 2008, in: EWR 9 (2010), Nr. 6 (Veröffentlicht am 8.12.2010), URL: http://www.klinkhardt.de/ewr/978383004038.html.
- Islamischer Religionsunterricht – ja, aber wie? Aspekte der Einführung eines neuen Schulfaches, in: L-News. Zeitung für Lehramtsstudierende, Heft 3, 2010, S. 6 f.
- Unterricht zwischen Krise und Routine. Wider eine kompetenztheoretische Verkürzung einer Theorie pädagogischer Professionalität, in: Sozialer Sinn. Zeitschrift für hermeneutische Sozialforschung, Heft 1, 2010, S. 79-93.
- Konstellationen des Pädagogischen im Unterricht an einer Integrierten Gesamtschule, unveröffentlichtes Manuskript 2011.
- Islamischer Religionsunterricht. Zur Theorie und Praxis eines neuen Faches, in: Vierteljahrsschrift für wissenschaftliche Pädagogik, Heft 2, 2012 (im Druck)
- Rezension zu: Mohr, Irka-Christin und Michael Kiefer (Hg.), Islamunterricht-Islamischer Religionsunterricht-Islamkunde. Viele Titel – ein Fach? Bielefeld 2009, in: Ästhetik und Kommunikation, Heft 154/155, 2011/2012, S. 133 ff.

Weber, Max, Wirtschaft und Gesellschaft, Tübingen 1985.
- Religionssoziologie, in: Ders., Wirtschaft und Gesellschaft, Tübingen 1985.

Wernet, Andreas, Einführung in die Interpretationstechnik der objektiven Hermeneutik, Opladen 2000.
- Hermeneutik – Kasuistik – Fallverstehen. Eine Einführung, Stuttgart 2006.

Yölek-Cantay, Hasiybe, Islamische Bildung im säkularen Staat. Religionskenntnisse als Basis erfolgreicher Integration, Marburg 2010.

Internetquellen

http://www.deutsche-islam-konferenz.de/cln_236/nn_1319566/SubSites/DIK/DE/ReligionsunterrichtImame/religionsunterrichtimame-node.html?__nnn=true

http://www.standardsicherung.schulministerium.nrw.de/cms/upload/svislam/download/lehrplan.islamkunde.pdf

http://www.deutsche-islam-konferenz.de/cln_180/SharedDocs/Anlagen/DE/DIK/Downloads/Sonstiges/Dokumentation_20IRU-Tagung_202011,templateId=raw,property=publicationFile.pdf/Dokumentation%20IRU-Tagung%202011.pdf (6.9.2011)

http://www.bildung-staerkt-menschen.de/service/downloads/Bildungsstandards/GS/GS_IslamR_bs.pdf (6.4.2011)

Das Transkript*

Lm: So, wir wollen anfangen. (..) So, as-salamu 'alaikum.
Sm/w: Wa 'alaikum as-salam. {alle Schüler}
Lm: Friede sei mit euch.
Sm/w: Friede sei mit dir. {alle Schüler}
Lm: So, wir haben jetzt heute (.) noch diese Stunde (.) und am Dienstag, inscha'allah, sehen wir uns und dann sind ja schon Ferien. (..) Heute wollen wir eine Sache wiederholen, die wir schon in der zweiten Klasse auch mal erwähnt haben, darüber haben wir gesprochen. Ihr werdet gleich sehen, um was es geht. Wir kommen zunächst einmal in den Sitzkreis.
{Alle Schüler stehen auf und bilden einen Sitzkreis.}
Lm: Nimm mal Sm1 den Stuhl noch.
{Stühle werden verstellt}
Sm1: Und was soll ich jetzt machen?
Lm: Den da, ach so, ja, jetzt hat der eine, dann stell den mal da hin!
Sm1: Dann stell ich ihn mal dort hin!
Lm: So, kommt mal
{Stühle werden gerückt, Schüler/innen unterhalten sich}
Lm: So, rutsch mal noch n bisschen auf, Sm3, hier noch nach links rüber, nach links rüber, so dass die Sw3 auch dazu kommen kann. (..) Gut! (.) Wir hatten ja die ganze Zeit über (.) über Mohammed, salallahu allaihe wa sallam, gesprochen, wie der Engel, djibrail, allaihe wa sallam, zu ihm kam. (.) Und heute wollen wir über djibrail, allaihe wa sallam, reden und über alle anderen Engel auch. (.) Wie die Engel sind. (.) Was ist denn euch noch vom letzten Jahr in Erinnerung? Was könnt ihr über die Engel sagen?
{Schüler/innen melden sich}
Lm: Sm2!
Sm2: Ähm, wir hatten, ähm, z.B, äh, die Geschichte von, äh, Mohammed in der Hira, da war auch djibrail auch da, der Engel, und (.) und das ist, ähm, das ist net, das war, dass wir nicht weißen, wie die sie aussah, nur ein helles Licht.
Lm: Ja! Ja, er hat Recht, wir haben also eine Geschichte gehört mit Mohammed, sallallahu aleihe wa sallam, in

* Das Transkript ist auch – mitsamt dem Material – im Internet einsehbar. Siehe: http://archiv.apaek.uni-frankfurt.de/2342

40 der Höhle, als der Engel djibrail, allaihe wa sallam,
41 zu ihm kam. (.) Aber wir wissen einige Sachen über
42 die Engel! (..) Eine kleine Hilfe, guckt euch mal
43 dieses Bild an!
44 {Lm zeigt ihnen ein Bild.}
45 Lm: Was seht ihr hier [auf diesem Bild?]
46 Sm2: [Der Mann ist nackig.] {ruft rein}
47 Sm3: Der, der Mann (.) der Mann ist ohne Körper, ohne
48 Augen, ohne Nase, und, äh, hier hat er sich
49 verkleidet wie eine Frau, der eine Mann.
50 Lm: Da hat er sich nicht verkleidet, sondern hier haben
51 wir einen Mann und hier ist eine?
52 Sm3: Frau! {ruft rein}
53 Lm: Genau! Wir haben jetzt die Gesichter nicht
54 gezeichnet, weil wir das nicht brauchen. Aber Allah,
55 ti alat Gott, hat uns als (.) Jungen und Mädchen
56 erschaffen, als Männer und Frauen. Aber die Engel
57 sind keine Männer und Engel sind auch keine? (.)
58 Sm1 und Sm2: Frauen
59 Lm: Frauen
60 Sm3: Und keine Tiere {ruft rein}
61 Lm: Das ist das Erste. (.) Zweitens:
62 {Schüler unterhalten sich leise und das Wort »Essen« fällt.}
63 Lm: Sw1
64 Sw1: Die sind kein Essen.
65 Lm: Jaaa. (.) Du musst es anders formulieren. (.) Sw2
66 Sw2: Da ist eine Flasche und ein Teller mit Gabel (.)
67 Lm: Jaaa
68 Sm3: Messer und Löffel.
69 Lm: Genau! (.) Und wenn du jetzt an dich denkst?
70 {Mehrere Schüler antworten gleichzeitig}
71 Lm: Ja! (...) Was tust du zuhause?
72 Sw: Essen {ruft rein}
73 Lm: Was tut jeder Mensch, damit er überleben kann? Sm3!
74 Sm3: Essen und trinken!
75 Lm: Und trinken, essen und trinken.
76 Engel aber müssen nicht trinken und müssen nicht
77 essen. Sie brauchen das nicht! Das ist der zweite
78 große Unterschied. (.) Drittens. (...)
79 Sm3: Schlafen? {ruft rein}
80 Lm: Sm4!
81 Sm4: Schlafen {leise}
82 Lm: Sag's laut (.) noch mal laut!
83 Sm3: Er schläft! {spricht rein}
84 Sm4: Er schläft!

Lm: Ja, diese Person, die du hier siehst schläft, (..) äh, Sw3!
Sm3: Die Engel und so können auch net schlafen
Sw: Müssen nicht schlafen {ruft rein}
Lm: Genau, sie müssen nicht schlafen und brauchen nicht schlafen. Sw2!
Sw2: Warum die nicht schlafen, weil die auch (.) äh, dass die Teufel nicht zu dir kommen, die beschützen und so
Lm: Die Engel sind auch bei Menschen, die ihn beschützen, genau, die beschützen auch Menschen, aber wir haben es hier mit einer Person zu tun wie wir, wir müssen schlafen, Allah ti alat Gott hat uns so gebaut, dass wir schlafen müssen, damit wir am nächsten Tag wieder (.) Energie haben, Kraft haben.
Sm2: Damit wir fit sind {spricht rein}
Lm: Genau! Und fit sind. Aber Engel werden nicht müde und sie müssen auch nicht schlafen, die sind immer in Bewegung. Dritter Unterschied. (.) Dann haben wir einen ganz wichtigen Unterschied (.) Das Bild erst einmal genau anschauen (…)
Sw3: Der Engel muss nicht zum Zahnarzt! {spricht rein}
Lm: Oh, jaaa. Du, du denkst jetzt, das wär ein Zahnarzt. Jaaa. Sm5!
Sm6: Ähmm, wir müssen, ähmm, wir werden immer krank und die, äh, die Engel werden net krank.
Lm: Genau! Sehr schön, du hast Recht! Engel müssen nicht zum Arzt, so was kennen die nicht, warum nicht? Weil sie nämlich nicht krank werden!
Sm: Oh
Sw: Weil sie von Gott gemacht sind
Sm2 und Sm4: Wie schön !
Lm: Genau! Du hast Recht, wie schön. (.) Wir wissen auch, das hab ich euch auch schon gesagt, dass Engel aus Licht erschaffen wurden,
Sm2: Hab ich doch gesagt {ruft rein}
Lm: nur, genau, auf Arabisch und dass sie auch Flügel haben. Es gibt Engel, steht im Koran, die haben zwei, drei oder vier Flügel.
Sm4: Oder sogar mehrere! {ruft rein}
Lm: Oder mehrere! Das sind die Sachen, die wir über die Engel wissen. Jetzt wollen wir zurück gehen an den Platz (…) und dann bekommt ihr ein Arbeitsblatt.
{Schüler stehen auf, stellen die Stühle wieder um und unterhalten sich dabei}
Lm: So! Wir haben jetzt dieses Blatt hier

{Schüler stellen immer noch Stühle um}
Sm5: Rätselwörter {ruft rein}
Lm: Sm5, sag es laut!
Sm5: Rätselwörter, also die, man muss aus diesem riesen Viereck Wörter finden.
Lm: Genau!
Sm5: Über Engel!
Lm: Genau! Das ist die zweite Aufgabe. Die erste Aufgabe, siehst du, Sm5, dass wir einen Lückentext haben, die Wörter stehen darunter.
Sm5: Und die dritte is, muss man was schreiben, unten, ganz unten!
Lm: Genau! Wichtig, Sw1, wenn ihr das Blatt habt, zunächst einmal einkleben, genau lesen und bearbeiten. Wer eine Frage hat, der meldet sich. Ihr habt genau 15 Minuten. (.) In 15 Minuten müsst ihr fertig werden!
Sm3: Dies ist leicht. {ruft rein}
Sm: Zwanzig Minuten (..)
Lm: Auf geht's!
{Schüler holen ihre Stifte raus und arbeiten für sich}
Lm: Ihr könnt mit Füller schreiben! (..) Achtet darauf, Sm5, wie immer ordentlich auf die Linien zu schreiben und leserlich zu schreiben.
{Sw1 meldet sich.}
Lm: Sw1
Sw1: Äh, müssen wir das erst, äh, kleben oder jetzt arbeiten?
Lm: Was hab ich gesagt, Sw2? Wiederhol es!
Sw2: Erst kleben, dann bearbeiten.
Lm: Genau!
{Lm läuft rum und schaut bei allen auf die Arbeitsblätter. 2 Minuten}
Sm5: {unverständliche Rede} Herr Lm!
Lm: Ja!
Sm5: Ich wollte, ich wollte nur fragen hier
Lm: Ja, laut!
Sm5: Da steht, ähm, die haben kein Geschlecht, das heißt sie sind nicht {unverständliches Wort}, richtig? (.)
Lm: Ähm (.), überleg erst mal, nicht gleich eintragen, versuch mal, versuch mal, wenn du diese Lücke nicht kennst, dann überspringst du diesen Satz und versuchst die anderen Wörter erst einmal auszufüllen. Dann wirst du am Ende merken, es wird dann nur noch diese Lücke übrigbleiben mit dem fehlenden Wort dazu.

O.k.?
{Pause von fast 2 Minuten}
Sm5: Äh, Herr Lm?
Lm: Ja!
Sm5: Gibt es ein {Wort nicht verständlich} (.) Dann muss es doch hier sein irgendwo {liest kurz aus dem Text}
Sm2: O.k., ich weiß des jetzt {spricht rein}
Lm: Hast du gelesen, was hier drüber steht?
{Sm3 liest die Frage noch mal durch, manche Wörter spricht er aus, andere nicht}
Lm: Genau!
Sm3: {spricht türkisch}
Lm: Na na na na na (..) Das hier ist die erste Aufgabe, die Wörter kommen ja hier rein.
Sm3: Aha!
Lm: Ja! Und die Frage ist, was tun Engel nicht? Was werden sie nicht? Und die fünf Wörter, die du jetzt hier suchen musst, die haben mit diesen beiden Fragen was zu tun! (.) Ja, denk noch mal an unser Gespräch im Sitzkreis. Denk an die Bilder!
{Lm schaut und geht weiter zu den anderen Schülern.}
Lm: Und da fehlt doch ein Wort. {Lm spricht mit einem Schüler/in. Nicht erkennbar, wer das ist.} Sehr schön! So. Jetzt musst du fünf Wörter suchen. {Lm spricht mit einem Schüler/in. Nicht erkennbar, wer das ist.} Ja, denk an die Frage! {Lm spricht mit einem Schüler/in. Nicht erkennbar wer das ist.} Ähm, Sw4, wir haben doch gerade im Sitzkreis Bilder gehabt, das hat was mit den Bildern zu tun.
{unverständliches Gerede}
Lm: Ach so, ja, okay
Sm: Ach, man muss Wörter suchen, cool
Sm: Okay, ich hab »Essen« gefunden
Sm: Wo?
Lm: Nicht verraten! (..)
{unverständliches Gerede}
Sm: [Ich hab auch »Essen« gefunden]
Sm2: [Muss ich anmalen?]
Lm: Jaaa! Ja, das musst du einkreisen.
Sm3: Einkreisen und anmalen {ruft rein}
Lm: Wenn du jetzt hier braun nimmst, dann sieht man aber die Buchstaben nicht mehr, wenn du's anmalst. {Lm spricht zu Sm2}
{Sm2 und Sm3 sprechen miteinander}
Sm: Ich hab »Essen« gefunden!

Lm: Nicht verraten, Sm5!
Sm: Ich hab's
{Schüler unterhalten rege miteinander und Lm hilft zwischendurch.}
Sm5: Ich hab's gesehen
Sm2: Hey, man! {verärgert über Sm5} Herr Lm, der guckt mir immer ab!
Sm5: Ich hab nichts gesehen, wirklich. Das hab ich ja da doch!
Lm: Sm5, es ist O.k.! Es bringt aber überhaupt nichts, wenn du abguckst, dann lernst du nichts dabei.
Sm5: {unverständlich} sowieso gar nichts. Ich hab nicht's gesehen.
{2 Minuten}
Sm: Ich hab doch auch »krank«
Sm5: »Müde, ich hab »müde« gefunden
Sm: Was?
Sm5: Müde
Sm: Ich hab »krank« jetzt
Sm5: {unverständlich} Ich hab's aber och
(..)
Sm5: Herr Lm, ich hab, ich (..)
Lm: Du hast jetzt fünf, aber (..) ähm
Sm2: Ich hab auch fünf {ruft rein}
Lm: Da ist noch eins drin {unverständlich} erste Wort
Sm2: »Ziehen« steht hier {ruft rein}
Lm: Schh (..) Ihr seht, es soll passen zu dieser Fragen. Das passt ja nicht, was du jetzt gerade sagst, ne? Genau überlegen, das hier, das war jetzt Zufall, dass das drin war.
Sw1: Ich glaub, das muss man aber lassen.
Lm: Die erste Linie, das war jetzt hier drin, das war aber nicht so gewollt. Das passiert manchmal in so nem Rätsel, ne? In so nem Such … Du hast jetzt eins, zwei, drei, vier, es fehlt noch (.) eins! (.) Hier das, das tust du weg, eins [fehlt noch]
Sm2: [Ich hab auch hier]
Sm: Puh (…)
Sm: Ich hab's
Lm: Schh, nicht, nichts verraten! (..)
Sm5: De »Essen« (.) (du hast) »essen« is wieder hier?
Sm2: Nein, da steht »esse«!
Sm5: Nein, »Essen«!
Sm6: Herr Lm, ich hab fertig.
Sm5: Nein, ich guck noch {unverständlich} (..)
Lm: Gut! Sehr schön! Jetzt sollst du (..) noch etwas tun mit

den fünf Wörtern {spricht zu Sm2}
Sm2: Ah, die abschreiben, ne?
Lm: Lese (.) mal genau nach. Lies, lies hier die Zeile mal genau durch und dann weißt du, was du machen musst.
Sm: Aaah!
Sm5: Schlafen {ruft rein}
Sm: Ah, du guck ma {unverständlich}
Lm: Setzt dich hin
Sm5: Ich hab zweimal »essen« gefunden! (.)
Sm: Muss man nicht nur fünf?
Sm: Schlafen
Sm: Hey
Sm5: Eins, zwei, drei, vier, fünf, sechs, sieben (...) essen, wieder essen. (.)
Lm: {unverständlich}
Sm2: Ah, ja, hier, gell?
Lm: Ah, manchmal passiert das ja, ist Zufall, ja?
Sw1: Muss das mehrere Wörter sein, Herr Lm?
Lm: Es sollen fünf Wörter sein! Insgesamt fünf Wörter! (...) Was steht hier, lies mal dieses, diesen Satz, den zweiten! {Lm redet mit einer Sw, aber es ist unklar welche.} Was musst du machen? {Lm spricht mit unbekanntem/r Schüler/in.} Ja, aber mit welchen Wörtern? {Lm spricht mit unbekanntem/r Schüler/in.}
Sw/m: Mit den hier.
Lm: Genau!
{Ungefähr eine Minute}
Lm: Ja, Sw3, das ist jetzt zufällig hier drin, das da (..), o.k., du hast jetzt eins, zwei 293 {Zwischenteil nicht zu verstehen, da einige Kinder mit dem Mikrophon spielen}, da fehlt noch eins.
Sm5: Guck mal, wir haben sieben Wörter gefunden, eins, zwei, drei, vier, fünf, sechs, sieben
S: Herr Lm, ich bin jetzt fertig
Lm: So, mit fünf Wörtern, Sm5, müsst du jetzt weiter arbeiten.
Sw2: Ich bin auch fertig mit fünf Wörtern.
Lm: So, das hab ich gerade zu Sw3 gesagt, Sw2. Das hier ist jetzt zufällig drin, du machst so ne Klammer (.) Eins, zwei, drei, vier, dann fehlt noch eins!
Sw2: Mhm
Lm: Und dann musst du (.) mit diesen Wörtern etwas tun. (.) Du musst sie auch richtig einkreisen {spricht zu Sm2} Guck mal, was steht bei dir? {spricht zu Sm3} (.) Was fehlt? Das

Sm3: N
Lm: Das N! Genau! {spricht zu Sm3} So, jetzt hast du hier deine Linie (.), lies noch mal diesen Satz (.) und dann weißt du, was du tun musst!
Sw1: Ich hab schon {unverständlich}, Herr Lm, eins, zwei, drei, vier, fünf. {zählt auf}
Sm: Aah
Sw1: Aber ich habe zwei »essen«
Lm: O.k.! Du hast zweimal »essen«, einmal musst du es weglassen! Es fehlt also noch eins (.) Und zwar gebe ich dir ein Tipp, du musst quer schauen. (.) Waagerecht! (.) Nicht von oben nach unten, das ist senkrecht, sondern? (.) von? (.)
Sm3: Was muss man hier tun? {leise}
Lm: Links nach rechts!
Sm3: Aaaa! (.) Man muss sagen, was die net machen, was die {unverständliches Gemurmel}
Sw: Herr Lm, ich hab vier Stück.
Sw1: Ich hab jetzt sechs Stück, mit zwei »essen«.
Lm: Ja, aber das eine brauchst du nicht!
Sm2: Eine {unverständlich }
Sm5: Wir haben sieben Stück.
Sm1: Man soll nur fünf finden und nicht ...
Sm: Wir haben
Lm: Passiert manchmal, ja, dass da noch andere Wörter drin sind.
Sw: Herr Lm, ich hab nur [vier gefunden]
Lm: [Gut, einkleben] in dein Heft, sehr schön. {Spricht wohl zu Sm5}
Sw1: Herr Lm!
{Schüler unterhalten sich und Lm läuft zu Sw1.}
Lm: So, noch zwei Minuten
Sm5: Das schaff ich
Sw1: Herr Lm, ich hab »essen«, »müde«, »trinken« und »krank«, aber ich hab eins nicht.
Sm: Herr Lm? (..)
Lm: So, ich geb dir einen Tipp (.) und zwar (..) schaust du mal so wie bei »essen« von oben nach unten (.) in dieser zweiten Reihe.
Sm: »Schlafen«
{Zwei Minuten Gemurmel}
Lm: So, gut, Sm3, wir machen das gleich zusammen! (.) So, legte mal die Stifte hin (.) und schaut nach vorne. (.) Wir wollen den Lückentext ausfüllen. Es kommt immer ein Schüler nach vorne, schreibt in die Lücke rein und gibt

dann den Stift weiter. (.) Erste Lücke (.) Sw4, geh hier außen rum.

{Sw4 steht auf und geht nach vorne.}

Lm: So, lies den Satz vor, laut.

Sw1: Allah ti Allah hat die Engel aus Licht erschaffen.

Lm: Sehr schön! Jetzt kannst du den Stift weitergeben. (.)

Sw4: Ein Junge oder Mädchen?

Lm: Wie du möchtest! (.)

Sw4: Sw1

Lm: Ja, man muss immer n bisschen seitlich (.) hinstellen, so n bisschen seitlich, damit das Licht dich nicht blendet. Genau (.)

Sw: {leise} Herr Lm, ich hab auch so ein Stift (..)

Lm: Der Satz geht noch weiter, Sw1, zwei, die dritte Lücke noch.

Sw2: Ist das richtig, Herr Lm? {spricht rein}

Lm: Gleich {Lm geht zu Sw2} das is schon richtig, aber da fehlt ein (.) Stopp! Verbesser noch nicht, verbesser noch nicht. Ja, weiter, Sw1. (.) So, lies den Satz vor.

Sw1: Sie haben kein Geschlecht, das heißt sie sind nicht männlich oder weiblich.

Lm: Das ist, genau, das ist richtig! Gib mir mal den Stift. Man kann zuerst, stopp, stopp, stopp! Nicht wegkillern, man kann zuerst weiblich schreiben in die Lücke (.) oder zuerst männlich in die Lücke schreiben, das ist ja beides richtig. Gut, Sw1, setz dich. (.) So, hier hat die Sw1 ein »n« noch vergessen, ne?

Sm2: Menlich {spricht es sehr lang aus}

Lm: »Männlich«, genau.

Sm3: Warte, das ist doch ein »n« {spricht zu seinem Tischnachbarn}

Lm: Ja, das ist doch ein »n«, das sind zwei »n«, Sm3.

Sm3: Nein, da ist, da muss menlich stehen, aber das ist menlich! {leise} Hast du (.) verstanden?

Lm: Es steht doch, es steht genauso da, guck doch mal hin.

Sm3: Menlich {spricht es langsam aus}{unverständliches Gerede}

Lm: Es soll aber ein »n« sein bei ihr.

Sm3: Guck hier, ein »n«!

Sm2: Zwei »n«!

Lm: Guck mal hin!

Sm3: Ein »n« {unterbricht Lm}

Lm: Guck mal da hier hin, Sm3, mach mal die Augen auf, hier ist ein »n« und hier vorne, das ist ein »m« bei der Sw1.

Sm3: Aha

Lm: O.k.? Gut! Komm vor, Sm3.

{Sm3 steht auf und geht vor.} (..)
Lm: So, lies vor den Satz.
Sm3: Die gesamte Zahl der Engel kennt nur Allah ti Allah, ihm … {hört auf zu reden}
Sm2: Das darfst du nicht mehr!
Lm: Nächster! Abgeben den Stift.
Sm3: Ist das richtig?
Lm: Das is richtig.
{Sm5 geht nach vorne.} (.)
Sm: Ich weiß, was da beim Nächsten kommt.
Sm: Woher weißt du des?
Sm5: Die gesamte Zahl der Engel sind nur Allh ti Allah
Sm: kennt nur Allah
Sm5: im Koran
Lm: Ja, schreib's hin (…) Lies den Satz! {spricht zu Sm2}
Sm5: Im Koran steht, dass Engel mit zwei bis drei oder vier Flügeln, das kann ich doch schreiben?
Lm: Ja! (..)
Sm5: Flügel gibt.
Lm: Gut!
Sm5: Äh, Sw2! Die nervt mich immer, du sagst, dass ich (.) du weißt schon
Lm: Sm5, du sollst die Leute drannehmen, die sich auch ordentlich melden.
Sm5: Ja, der hat sich ordentlich gemeldet.
Lm: Ja
Sm: Ich auch
Sm5: Aber du nervst mich nur
Sm3: Du darfst es nicht.
Lm: Aber nicht jetzt gerade im Unterricht ,oder? Also,
Sm5: {unverständlich}
Sm: Allah ti Allah
Lm: ihnen sagt, gut, sehr schön. Setz dich, Sw2
{Gemurmel}
Lm: Wir haben die ganzen Lücken ausgefüllt, jetzt sind wir beim Rätseln. Fünf Wörter müssen eingekreist werden. Nicht jetzt die doppelten finden, Sm5,
Sm: Ich hab schon
Lm: sondern die fünf, die wir vorhin auch im Sitzkreis besprochen haben. Sw1 war noch gar nicht.
Sw1: Doch, [ich war]
Sm2 und Sm3: [Die war!]
Sm: [Ich war noch nicht]
Sm2 und Sm3: Doch, die war! {rufen gleichzeitig rein}
Lm: Sm4, komm! (..) So, das erste Wort einkreisen.

{Sm4 kreist das erste Wort ein.}
Sw: Sollen wir das anmalen?
Sm2: Ooh, {unverständlich}
Sm: Ich auch
Sm2: Wir dürfen auch gell? {unverständlich}
Lm: So, nimm jemand dran.
Sm: Bitte
Sw2: Sw
Sm1: Die war doch schon! Ich war noch nicht.
Sm: Jeder darf schon zweimal
Lm: Sw3 ist die nächste.
Sm: Okay. (..)
Lm: Komm, Sw3 (.) is egal, kannst auch den nehmen (..)
Sw3: Wir werden alles beide nehmen, {unverständlich} habt's gleiche.
Lm: Gut! Nimm jemand dran.
Sm: Sw3
Sw3: Sm
Sm: Ja!
Sm: Darf ich auch mal schwarz nehmen?
Lm: (Kannst du auch machen) (.) Äh, die Folie n bisschen nach oben ziehen, Sm3. {Gemurmel} {unverständlich} wieder höher ziehen. {Gemurmel} Ja, man muss drüber malen, genau so! Sehr schön, is O.k.!
Sm: Is okay!
Sm3: Des, des brauch man net mehr.
Lm: Is O.k.!
Sm3: Des brauch man net mehr, Sm.
Lm: So, jetzt haben wir noch das Letzte.
Sw: Ich
Sm: Bitte
Sm: Danke
Sw1: Nicht schmeißen!
{Gemurmel}
Lm: Äh, Sm3? Du kannst gleich vor die Tür gehen.
Sm: {unverständlich}
Sw1: Das ist voll leicht, ich sehe das schon.
Sm: Nur ein, Sm
Sw: Warum machst du mit schwarz, Sm?
Sm: Is viel besser
Lm: Er kann den Stift benutzen, einkreisen, damit man es sieht.
Sw2: Aber das sieht man nicht so ganz! (..)
{Die Schulklingel läutet.}
Lm: Stopp! Ruhig sitzenbleiben.

Sw1: Herr Lm, ich glaub, das ist ein bisschen leer.
Lm: Gut! (.) Ähm (.) Sw1, lies die fünf Wörter noch mal vor.
Sw1: Essen, essen, schlafen, müde, trinken, krank.
Lm: Genau! (.) Mit diesen fünf Wörtern, sollt ihr noch (.) unten fünf Sätze machen.
Schüler: Hab ich schon. {rufen rein}
Lm: Ich hab bei einigen gesehen, die haben es gemacht, die anderen müssen es als Hausaufgabe fertig machen. Und wir sehen uns, inscha'allah, Sw4, am Dienstag wieder.
{Gemurmel. An der Tür klopft es und andere Schüler kommen rein.}
Lm: So, kommt rein.